展望 ZHAN WANG

让创新落地

上海交通大学出版社
SHANGHAI JIAO TONG UNIVERSITY PRESS

内容提要

在“第四次工业革命”的时代背景下，企业清晰地意识到创新对于盈利和持续发展的重要性，但多数企业却在面临“创新难”或“创新慢”的窘境。在压力和机遇面前，企业应当意识到创新的质量与成败关键在于从顶层设计到落地执行的能力与水平。只有稳健地站在管理和技术的交叉点，企业才能有条不紊、持续不断地开展创新。

本书探讨了中国企业在向数字化创新转型过程中遇到的挑战与机遇，以及在创新落地过程中的战略思考。本书可供企业管理人员参考、阅读。

图书在版编目（CIP）数据

让创新落地 / 埃森哲中国编. —— 上海：上海交通大学出版社，2019

ISBN 978-7-313-21189-7

I. ①让… II. ①埃… III. ① 企业管理—创新管理 IV. ① F273.1

中国版本图书馆CIP数据核字（2019）第070556号

让创新落地

编　　者：埃森哲中国　　　　地　址：上海市番禺路951号
出版发行：上海交通大学出版社　　电　话：021-64071208
邮政编码：200030
印　　制：上海锦佳印刷有限公司　　经　销：全国新华书店
开　　本：787mm×1092mm 1/16　　印　张：5.5
字　　数：155千字
版　　次：2019年5月第1版　　印　次：2019年5月第1次印刷
书　　号：ISBN 978-7-313-21189-7/F
定　　价：50.00元

编者按

埃森哲全球副总裁
大中华区主席
朱 伟

使命：让创新落地

2019年的仲春到初夏，埃森哲中国团队格外忙碌而兴奋：深圳和上海相继迎来我们全球创新架构的新成员，分别领衔人工智能技术研发和工业数字化变革的客户使命。使命的核心，就是让创新落地，赋予中国企业世界级的创新旅程。

从此，我们的中国客户可以同时置身于本土和全球的创新生态系统，不出国门，就能与埃森哲设在波士顿、旧金山、东京、慕尼黑、新加坡以及其他400多个地理节点的创新中心同步，共享技术资产与专业资源。我们是"第四次工业革命"和经济全球化的深度倡导者，对于跨国协作可促进数字化变革并提升人类福祉的主张深信不疑。

但回到微观层面，面对创新的复杂性，客户提出的问题往往超越技术本身，例如：创新部门发现企业领导层对"顾客体验"不重视怎么办？反过来，锐意进取的领导层遇到反应迟缓的中层怎么办？现有人才结构不能满足创新项目需求怎么办？外部技术方案对企业具体业务、特定部门的针对性不强怎么办？根据埃森哲调研，过半数的受访高管认为企业创新依赖灵感，与核心业务的关联度不大。多数企业面临"创新难"或"创新慢"的窘境，乃至任由创新沦为并不创收的"面子工程"。

企业创新的质量与成败，在于从顶层设计到落地执行的能力与水平，而处于中间阶段的洞察发现、原型研发、概念验证与规模交付，甚至合作生态与股权投资等环节完善与否，也会成为杰出与平庸的分水岭。因此，关键不在技术而在于人。我们在深圳和上海设立的两家"热店"，就是邀请中国企业与埃森哲的专家并肩进入整个创新链条，组成柔性团队，沉浸在具体业务场景里，融合工程经验与设计思维，体验每一步的掌控力、领导力与影响力——这就是共创（co-create），让数字化企业发挥创新威力的正确姿势。

您可能已经或计划到访这两个中心。而在本辑《展望》中，我们策划了两篇特别专访，方便您更加深入了解深圳的“全球创新研发中心”和上海的“中国数字创新中心”如何根植本土，应用人工智能、工业X.0等全球前沿技术，为企业个性化定制总体创新方案，迅速实现数字化转型成果。

与此同时，我还想特别强调管理实践对于数字转型的重要性，它有助于企业有条不紊、持续不断地开展创新。只有稳健地站在管理和技术的交叉点上，企业才能实现持续增长，面对市场颠覆保持强大的组织韧性。这就是我在《创新必修课：数字转型的管理之道》一文中的主张。

创新方案由管理模式、业务流程和使能技术构成。因而本辑《展望》不仅继续探讨如何驾驭企业级人工智能，还介绍了一些在应用初期的技术趋势。我尤其推荐读者了解数字孪生（digital twin），它能覆盖数字化产品的全生命周期管理，打通研发、供应链、制造、营销等不同职能部门和数据孤岛，乃至重塑企业的创新生态。目前它主要用于飞机、汽车等离散型制造，但对更多产业渗透的潜力巨大。

企业创新的初心是什么？什么时候企业是在困扰顾客，而非为他们真诚服务？在数字营销议题上，《别让亲密成为品牌枷锁》是对2019年Fjord趋势之《沉默是金》的延展解读；《品牌使命驱动竞争力》则基于我们最新的全球消费者调研结果，发现企业须树立社会责任与使命感，践行正确“三观”并善于表达，它们的品牌才不会被新一代顾客嫌弃。在“后真相”时代，每个人都会感同身受。

不忘初心，方得始终。埃森哲在帮助客户创新的同时，也不断自我颠覆和革新服务能力，与客户共创崭新未来，同时为员工和社会带来更美好的生活。希望这辑《展望》不仅对埃森哲，也对中国企业的自我突破产生启发意义。

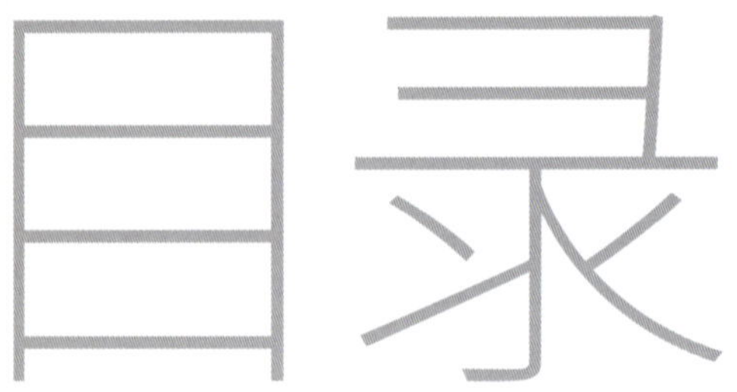

目录

编者按

数字转型伙伴说

专栏

封面专题

数字转型伙伴说

崔乃荣 协鑫集团CFO

协鑫集团是一家以新能源、清洁能源为主的综合能源企业。财务智能化转型非常有效地提高了财务共享中心的效率，让财务人员的工作更有价值。过去财务人员的多数工作技术含量不高，比如处理出差单据业务。我们从看似很小，但影响很大的方面入手，例如，我们部署了移动商旅报销系统，审批标准在系统内提前设定，审批单据合规性等环节被控制在业务之前，所有报销凭证电子化。财务智能化应用解放了员工，提升了效率，给公司员工带来更好的体验感。此外，协鑫集团内部形成了经营和财务数据的一体化模板，不同业务模块从不同维度使用同样的数据，公司以同一口径的数据说话，这对于上市公司至关重要。

蔡展东 耐克大中华区市场副总裁

耐克认为，只要你有身体，你就是一个运动员，我们的使命是为世界上每一位运动员提供灵感和创新。我们的营销所做的一切，每一个与消费者连结的触点，无论线上或线下，都是为这个使命服务的。在过去，我们常说线下和线上所有触点都是孤立的，而如今我们的消费者体验是比以往任何时候都更加整合、相连结以及个性化的。我们来设想一下，比如某个消费者刚报名参加了上海马拉松，这是她的首个马拉松。首先，我们了解她是谁、她的目标是什么？比如她可能只是想要完赛，而不用顾虑花了多长时间。据此，我们为她推荐最合适的产品，比如在她浏览、购物的页面进行推荐，但这只是第一步。现在，通过新的消费者体验设计，我们有希望能做到的是帮助这位跑者备赛，我们能在赛前的几个月中为她提供量身定制的训练计划。也许在比赛当天，我们还能为这位跑者在现场提供一对一的服务，这听起来很疯狂，但这就是我们现在做的，这使得消费者与我们之间产生强大的连结。

冯宇飞 VIVO线上领域总经理

消费者在不断地选购、使用手机的过程中，越来越倾向于满足自己兴趣点、符合自我利益点的产品，vivo的品牌消费者具有追求极致、积极、新奇、分享性的个性特征，这促进了我们手机产品的“分众化”。做有效的营销信息触达，避免无效营销信息的散播和资源浪费。对我们来说，以分众化、个性化的内容甄别、分发模式，面向三种类型消费者推送不同取向的内容，分别是：对产品非常感兴趣而且对品牌保有忠诚度的消费者；对产品有兴趣但并不具备品牌忠诚度的中间层消费者；无论怎么推广营销也不会考虑这款产品的负面消费者，进一步提升营销资源向最终销售及品牌认知转化率的提升。规模个性化触达相比于传统形式，能同时兼顾信息触达的广泛性和精准性。随着产品进一步细分化，以数据营销驱动的更加个人化、精细化的模式是我们接下来更期待的方式。

创新大合作：愿景主导，伙伴协同

文 特丽莎·董（Teresa Tung）

如今，人人都对创新有着极高的热情和源源不断的创造力。这是一件好事。不过，有时也可能适得其反，不少创新项目在概念验证阶段（PoC）就已夭折，没了下文。即使成功实施，创新项目的回报也很有限。埃森哲的一项研究显示，在过去五年，企业创新项目投资的回报下降了27%。

企业如何管理创新，才能推动概念验证阶段的成果顺利落地成为实际应用？埃森哲认为，企业与生态系统合作伙伴制定共同愿景，并以愿景来指导颠覆性创新，将有助于企业在前瞻性布局中实现业务的长足发展。这意味着企业将与合作伙伴开始“协同重塑”之旅。

事实上，埃森哲每年发布《技术展望》，预测未来三年内或将对各行各业产生重大影响的技术趋势，既用于为企业布局创新战略，也用于规划自身的创新战略。根据我们的追踪调研，从2018年到现在，企业创新“大合作”的趋势日益增强。当下技术变革的特点是，技术与人形成一种双向关系，人们不仅是企业产品和服务的消费者，同时还将信息和需求直接反馈给企业，形成一种“一体式创新”。因此，除了内部因素驱动企业创新以外，智能化企业还能聚焦于客户、员工或业务伙伴的个性化实时洞察，这将成为新一代企业创新的最大驱动力。

创新的任务是明确的。要想利用与客户和合作伙伴的双向对话创造价值，提供个性化的产品和服务，创新比以往任何时候都更加重要。企业创新不能遵循传统的产品研发模式，仅仅专注于改进单一产品；相反，创新同时必须探索“购买行为背后的原因”，每一家企业都会与合作伙伴共建生态系统，从更全面宏观的角度考虑问题。这意味着企业必须与传统联盟之外的合作伙伴进行接触和合作，以便更好地与客户交流，提供个性化产品和服务。

我们已经起步。埃森哲技术研究院与高等院校和初创企业开展合作，共同研究如何利用机器人技术驱动智能企业发展，关键点是：机器人将与企业的现有系统和人类员工协同工作。

在工业X.0领域，机器人技术有助于我们更好地感知、分析和行动。从人机协作方面来说，机器人可以代替人类处理枯燥、肮脏和危险的任务，从而使人类员工集中精力分析任务失败的原因并找出解决方法。

例如，在大规模数据中心，由于占地很广，人类专家可能需要30分钟才能走遍整个中心。但若使用机器人代替人类进行相关工作——自动更换刀片服务器（编者注：一种高密度的低成本服务器平台，每块“刀片”都是一块系统主板），并将故障“刀片”和部件交给人类员工，人类员工则可以专注于技术含量更高的维修任务。机器人技术还能进一步提升系统退役、资产审计和追踪方面的可追溯性和可证明性。

随着机器人技术消费化程度的提升，企业将能够像处理IT系统一样对机器人进行编程和集成。由此，机器人可以完美融入现有的系统集成和变更管理能力，进一步改进业务系统和流程。

例如，我们研究了大型输配电服务供应商如何每隔几周推广新固件。每到此时，人类员工都会对智能仪表设备进行完整性检查，但只覆盖了一小部分可能的测试场景，并不全面。综合利用机器人技术之后，我们可以将软件开发的测试范围扩展到硬件领域，从而提升系统性能，并确保人类员工可以从事更有意义的工作。

我们采用以愿景为主导的运营方法，将机器人技术创新成果有机融入企业流程，在生态系统中发挥独一无二的作用，探索如何利用机器人技术取得更丰硕的成果。触类旁通，无论是从区块链、量子计算还是机器人领域入手，只要我们采用这一方法管理，创新项目就会有迹可循。

特丽莎•董
埃森哲技术研究院管理总监
常驻旧金山
teresa.tung@accenture.com

创新必修课：数字转型的管理之道

文 朱伟

提要 在“第四次工业革命”的时代背景下，数字化转型已经成为企业创新求变课题中应有之义。但面对繁多的技术选项，中国企业更应关注管理与长期，方可避免被技术反噬。

这两年，中国的工业化和信息化进程发生了一次显著的跨越：人们对于创新的认知和行动，从“信息经济”升级为“数字经济”。与此同时，越来越多的企业和企业家将“第四次工业革命”当作自身求新求变的时代底色。其中，企业、行业和社会的数字化转型被赋予了极高的期望。特别是企业的数字转型，在中国正在形成规模巨大的新市场。

然而，中国互联网企业的扩张随着风投的降温而逐渐退潮，大众对野蛮成长开始有了反思，也让曾经仿效互联网模式进行数字转型的传统企业五味杂陈。这并不令人意外。回顾埃森哲首次提出“数字经济”大趋势以来的研究与分析，对照全球大型企业数字转型的沉浮教训，我们已经发现了一个朴素的规律：阻碍数字转型实现真正价值的根源，正是一些企业领导者对它缺乏真正的理解。

在压力和机遇面前，企业切莫为这轮转型披上一层浪漫的外衣，而是应当管理好数字转型进程，切实地衡量转型中的价值指标，将数字化贯穿于整个组织和职能，从战略、组织一直到运营各环节落地并予以执行。

转型道路不易，企业需要实现巧妙转轨

数字技术本身已经不再具有差异化优势，企业与社会的关系也将进入到新的时代。

新数字化消费者充分享受技术革新的红利，他们对于技术本身以及企业采纳技术的方式了解颇多，对于产品和服务也更加挑剔；新数字化员工可以利用各项技术在全新职位中以全新的方式完成任务；新数字化市场由共享数字变革成果的用户、商业伙伴和政府组成，对于生态系统有着更高的期待；新数字化安全强调更为透明的数据采集、管理和使用，以及更高级的网络保护。

繁花迷人、预期可待。不少企业容易在转型中迷失，幻想能够快速驾驭数字转型的力量获得巨大的收益。

在与他人合写的一篇文章中，通用电气前首席执行官杰夫•伊梅尔特直言了传统企业尤其是制造企业进行数字转型的艰难，并指出在传统和创新中必须不断寻找前进道路。

“制造企业信守的是持续改进模式，数字化企业信奉的则是持续创新。对于那些专注于提供经济型、效用型产品的传统企业来说，敏捷、快速、简约且实时响应实在是太高的要求了。”伊梅尔特写道。

尽管如此，企业却不能轻易将数字化能力拱手让人。伊梅尔特继续写道，企业在组织内部打造数字化能力将有助于提升绩效，加强核心能力，也会重塑企业文化，使产业员工和数字化员工能够携手提供基于软件的服务。

这和我们的研究发现不谋而合。面对市场上种类繁多且口号诱人的技术选择和解决方案，不少企业有着很高的投资热情，浪漫地认为只要通过这样的技术投入就会有立竿见影的效果。殊不知，转型企业将投资转化为优异绩效的却不多，反而在这个过程中容易顾此失彼，企业绩效不升反降。

我们认为，企业应当采取的是多速度、不同层级的数字转型，需要恰当地运用数字技术改造并提高核心业务，同时不断开拓新业务机会，在两者之间进行巧妙的平衡，最终实现新旧动能的切换。在这个过程中，企业最高管理层是当仁不让的决策者和带头人，需要在持续的转型变革中进行评估、调整和管理。

随着企业对于数字技术的理解和掌握越发成熟，企业的创新路径和运营方式也较之以往有了很大的不同。因而，管理数字转型比以往任何时候都更为重要。

数字化时代的企业管理

在20世纪50年代彼得•德鲁克提出实践有效的管理之时，自动化技术和其带来的变化同样裹挟着企业和周遭事物。在纷繁复杂的讨论中，德鲁克准确地预言了新技术不会使机器取代人力，相反会需要更多训练有素的团队，而且技术人员需要以管理者的角度来看待事务和思考。

如今，面对数字化革新，我们何尝不可以进行类似的思考，把数字化看作是把工作组织起来的一种概念。在数字化时代，企业管理上需要践行增长绩效、组织活力和社会契约三大新原则。

关注长期增长

投资于数字技术或者解决方案的企业不占少数，而且已经成为一种常态。我们发现，不同企业的数字化水平或许已经接近，然而绩效成果却犹如云泥之别。

埃森哲针对中国企业进行了数字转型研究后发现，领先企业在成长性、盈利性、股东回报等指标上已经远远超过了他人，在过去三年中，这些企业的营业收入复合增长率达14.3%，是其他企业的五倍还多。领军企业的销售利润率也达到12.7%，远高于其他企业。

探究其原因，我们认为，仅把绩效目标设立在智能化的运营管理（如优化流程、提高效率或者完善数字化渠道）已然不够。与只看成本、净收益指标的企业相比，关注长期增长将带来更高的企业价值回报。

比如，我们接触到的一些企业负责人希望当年通过数字化使营销额翻番。当发现这一目标无法实现后，便退而将数字化实施交给信息技术（IT）部门经理去负责。而我们看到真正的领先企业追求的更多，它们持续关注如何利用数字化创造更多价值，达成核心业务的持续增长并开拓新业务，从而改变市场的运作方式，赢得生态系统的认可。这也向我们指出，未来提升企业绩效的契机不在于新机器或者新技术的发明使用，而在于应

用数字化的研发、设计、生产、营销等原则，让产品和服务与周围环境建立起更深入的关系。

以宝钢集团为例。在数字转型的过程中，宝钢以物联网、互联网、云计算、大数据等新技术与全供应链的深度融合应用为基本路径，目标是构建集智能装备、智能工厂、智能互联于一体的智能制造体系。此外，宝钢为下游客户提供专业的定制服务。通过智能制造系统，宝钢根据客户的生产计划，自行计算出所需生产钢板的类型和数量，并据此安排生产。

重塑组织活力

投资真正的增长是一项充满风险的工作，企业需要新的绩效评估和相应的组织变革做基础，否则无法实现成功的数字转型。

埃森哲的研究表明，组织管理上的沉疴旧疾是影响企业数字转型的原因之一，而非转型的结果。相反，在分析了150多个企业中的250项重大变革之后，我们发现，高绩效企业在实施变革举措时，其成本管理、客户服务水平以及效益，自始至终都在上升。优秀企业实施的变革比一般企业要高出三到五成，速度也更快。

要想大幅提升企业转型成功的概率，企业可以充分利用数字技术优化内部流程，培养员工技能，并在更广范围和更深层次的组织变革中，实施分散化的决策和灵活的基层自主权。企业需要更开放的心态，并建立起更具活力的组织文化。

例如，海尔公司的组织变革提供了一个样板，其研发、生产、销售、人力、财务等部分全部分拆成3000多个虚拟小微团队，独立运营，决策权、用人权和分配权全部让渡给团队，让团队能快速响应消费者需求，又可以全流程把控产品供应链。

需要特别指出的是，在第三次企业转型浪潮中，组织的管理必须要考虑到一个新的方面，即机器和人类员工的协同。人工智能的真正价值在于通过机器与人的协作，实现组织的重塑和转型，最终推动企业和行业革新。

而现在，这两者的活动之间产生了一个“缺失的中间地带”。企业必须填补这个缺口，定义新的员工角色，构建全新的机器与人的协作方式，各施所长：人类负责开发、培训和管理各种人工智能应用程序；机器则能帮助人类大幅提升各项能力，例如，实时处理和分析海量数据，提供前所未有的数据驱动型洞察。

缔结企业新契约

随着新兴技术和平台模式的成熟，企业治理的方方面面也开始反映到复杂的生态系统中，受到各方的审视。然而，目前的状况很难令所有人满意——在消费者与企业之间，个性化的消费体验受制于数据安全、偏见以及所谓的“数据杀熟”；在企业之间，数据质量和网络安全等依然是阻碍新技术大规模应用的重要原因。

当下转型变革的特点是技术与人形成一种双向关系。数字化企业需要认真考虑与技术、商业，以及人的关系，即构建新的社会契约关系。这种关系要求企业对人们的生活以及合作伙伴的业务有深刻的洞察，并建立起高度的连接和信任。

埃森哲提出，企业需要进一步理解技术背后的逻辑，不断对新兴技术进行教养和训练，将连接企业与用户、企业与企业之间的“接触点”转变成“信任点”，才能化解诸多尴尬和挑战。

例如，算法公正仍然是一个至关重要的问题。未来，几乎所有企业都将继续依赖算法做出关键的决策，因此，避免算法偏见的出现，光有公开透明还不够，企业还应开发可打开人工智能“黑匣子”的工具，以审查数据源中的潜在偏见。埃森哲已经朝着这个方向迈出了第一步，开发出一款评估算法是否公正的工具，可以快速评估数据是否能产生公正的结果，并识别某一群体是否会被算法不公正对待。

企业需要提供创新，但更要提供真正有价值的产品和服务，恰如其分地追随需求，并且不过度烦扰。这才是持续发展的动力来源。

中国的现代化企业从发轫至今，纵然时间不长，转型这个词对它们来说并不陌生。这一次，数字技术的迭代和组合让我们有了更多的想象空间，对企业运营和商业模式都产生了深远的影响，可谓蔚为大观。

但是，随着新奇感的消退，新产品和新服务尚未破茧成蝶，人们和企业开始复归冷静，数字领域也正面临去芜存菁的选择。是时候让我们决定哪些东西对我们的生活仍有价值和仍然相关。

朱伟
埃森哲全球副总裁、大中华区主席
常驻上海
wei.zhu@accenture.com

如何成为最高效的创新者

文 安博奥（Omar Abbosh）、保罗•纽恩斯（Paul Nunes）、
韦德拉纳•萨维奇（Vedrana Savic）、迈克尔•摩尔（Michael Moore）

提要

技术创新为各行业带来了巨大的发展潜力，但很多企业难以将潜力转变为价值。企业必须把握节奏和方法，从而推动创新产生成果。

全球企业每年在创新相关活动上的花费高达数亿美元。然而，埃森哲对全球收入排名前170家公司的分析表明，过去五年内，企业创新投资的回报率却下降了27%。

究其原因，是许多企业为了向客户显示自己能够颠覆市场（或避免被市场颠覆），迫于压力而冒然开展创新活动——它们大多没有经过周密规划，与具体业务关系不大，而且往往管理不善。有些人甚至认为，创新投资已经沦为提升企业形象的公关活动，而非为了提高生产力或绩效。

是时候以一种独特、高效的方式实施创新，将创新投资转变为价值了！

高效创新的秘诀

我们对来自8个国家和地区、14个行业的840家年收入超过5亿美元的企业，进行了首席高管调研。结果表明，在企业总体创新回报率下降的情况下，仍有部分企业正在逆势而上。

我们进而通过三大关键指标评估各大企业的创新成果：哪些企业在加大创新投资力度？高管们对于这些投资项目的成果是否感到满意？这些公司是否正在迅猛增长？

结果显示，在2012年至2017年间创新投资额增加了50%以上的企业中，只有31%的企业表示对创新项目的商业效益“非常满意”。而在这期间，这些企业的市值以6%的复合年增长率增长（换句话说，是同期全球GDP增长率的两倍多）。

高效创新企业成功的秘诀在于：**致力于实现关联度、紧密互联、技术支持、人才汇聚、数据驱动、兼容并包、智能资产**七个特点，推动创新成果成功落地（见图一）。

图一 高效创新企业的七大特点

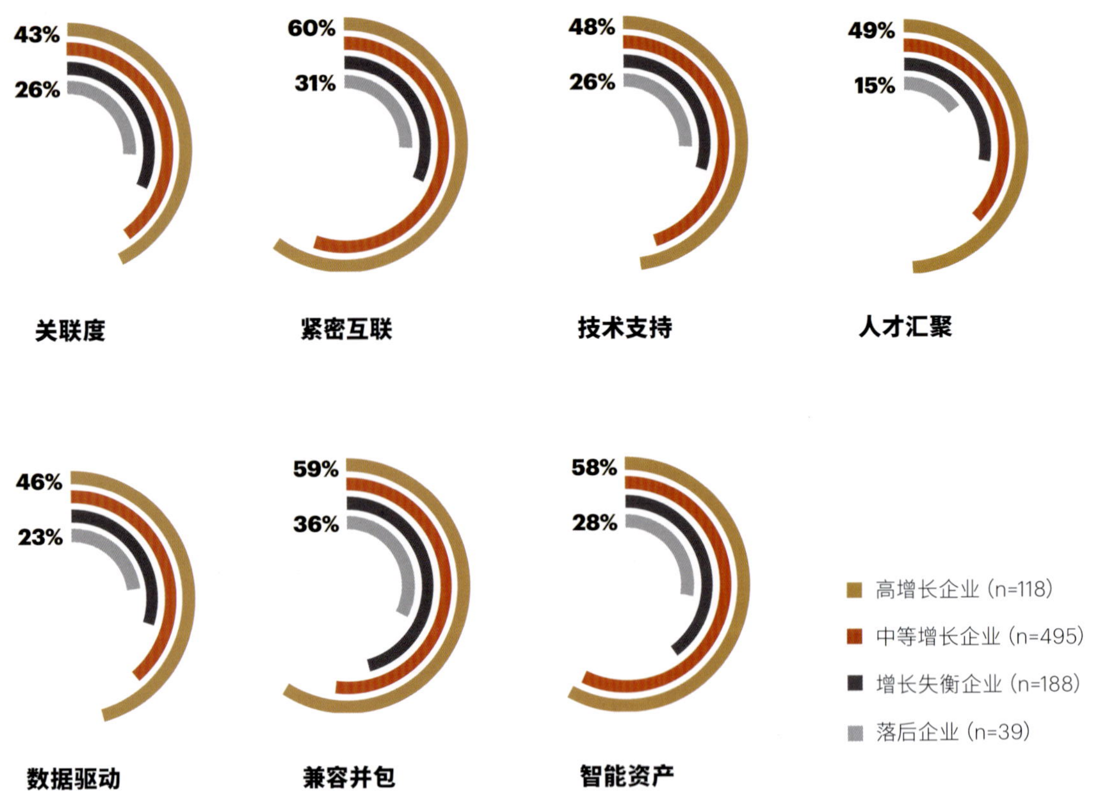

1. 关联度（见图二）

图二　高效创新企业如何始终为客户提供高关联度的产品和服务？

计划在未来五年内在很大程度上采用一种创新实践的受访者

% ■高增长企业，n=118，vs. ■其他企业，n=722

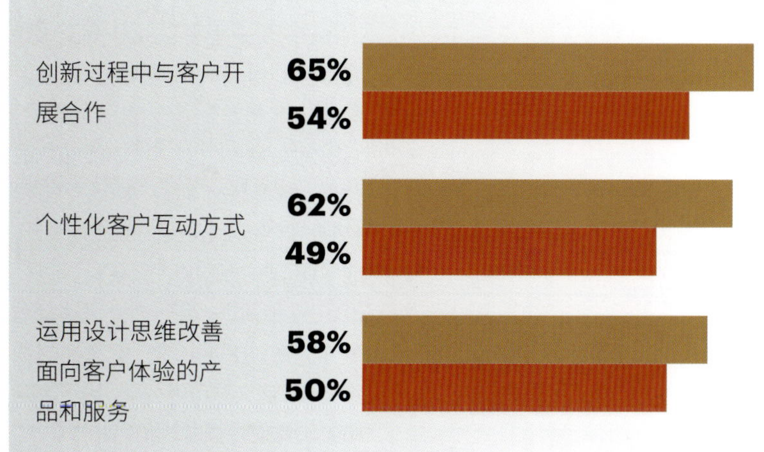

例如，用户可通过汤美·费格（Tommy Hilfiger）推出的TommyNow即看即买秀场系列，省去了六个月等待时间。秀场开始后，购买者便可通过电子标签平台和活动直播现场订购单品。除此之外，汤美·费格利用智能聊天机器人使用Facebook Messenger作为虚拟造型师，服务于数以千计的客户。

2. 紧密互联（见图三）

图三　高效创新企业如何管理外部网络？

计划在未来五年内在很大程度上采用一种创新实践的受访者

% ■高增长企业，n=118，vs. ■其他企业，n=722

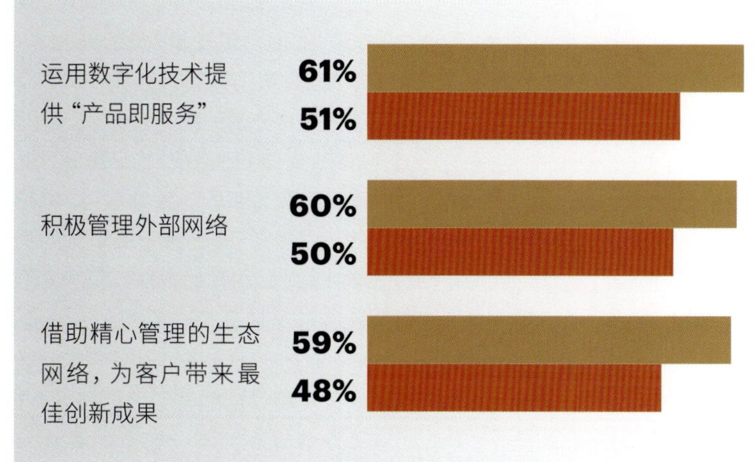

例如，增材制造企业Carbon联合阿迪达斯，打造个性化3D打印的Futurecraft系列跑鞋。最常见的运动鞋生产流程为，使用质量略差的材料进行运动鞋的原型设计，然后完成注塑和压制成型最终制作出成品。Carbon通过数字光学合成技术系统，加快了企业测试和原型设计的速度。在Carbon的帮助下，阿迪达斯计划扩大一年后的生产规模，从5,000双增至100,000双。

3. 技术支持（见图四）

图四 高效创新企业如何掌握各项尖端技术？

计划在未来五年内在很大程度上采用一种创新实践的受访者

% ■高增长企业，n=118，vs. ■其他企业，n=722

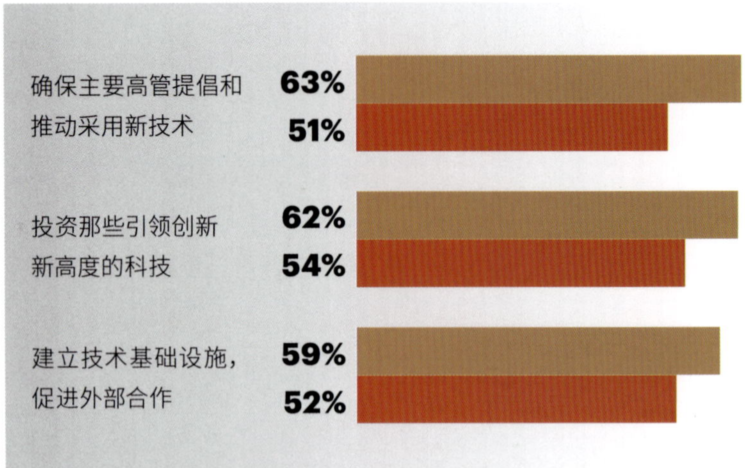

例如，卢卡斯影业联合工业光魔公司（Industrial Light & Magic，简称：ILM）打造“数字背景”（Digital Backlot）平台。借助数字背景，概念设计师绘制角色，由松林制片厂（Pinewood Studios）制作成木偶，再由ILM将木偶或模型进行3D扫描和润饰，最后通过电脑绘图制作完成，并导出成一份精确的数字文件。该文件可供分享，用于未来诸如玩具或视频游戏角色制作。

4. 人才汇聚（见图五）

图五 高效创新企业如何打造全新现代化员工团队？

计划在未来五年内在很大程度上采用一种创新实践的受访者

% ■高增长企业，n=118，vs. ■其他企业，n=722

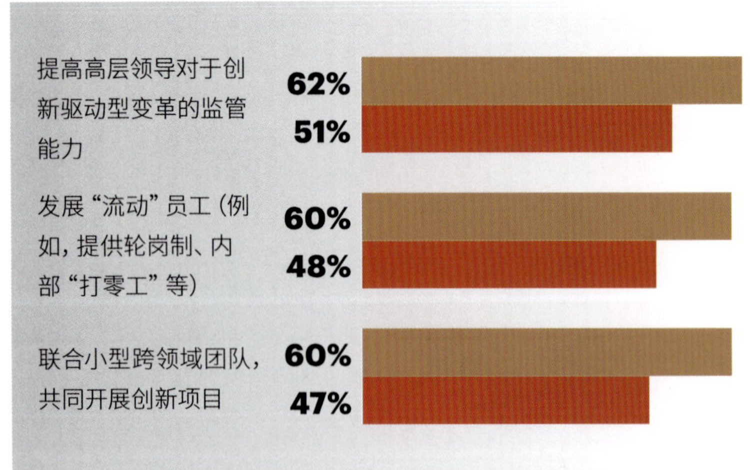

AT&T对此进行了生动阐述，该公司从2013年发起“员工2020”举措，为员工开展云计算、数据科学等技术方面的能力培训。自发起以来，AT&T已花费2.5亿美元，用于员工教育和职业发展项目，另花费超过3千万美元用于每年员工助学补贴。公司预估有14万名员工积极参与适应新岗位需求的新技能培训。AT&T计划在2013到2020年间投资超过10亿美元，促使公司员工准备好应对下一轮技术浪潮的冲击。

5. 数据驱动（见图六）

图六 高效创新企业如何生成、共享并部署数据？

计划在未来五年内在很大程度上采用一种创新实践的受访者

% ■ 高增长企业，n=118，vs. ■ 其他企业，n=722

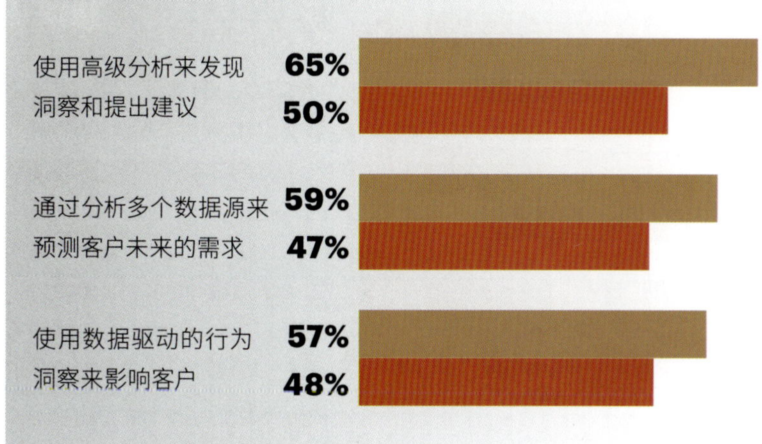

以世界第三大上市石油生产商雪佛龙（Chevron）为例，它利用自身在海上油井上获得的专业数据分析提高了水平钻井的效率。雪佛龙基于一个包含500多万条油井属性的私有数据库和岩石物质性质数据进行分析。根据分析得到的洞察，雪佛龙成功将钻探页岩深井、复杂井的时间从27天缩短到仅15天。

6. 兼容并包（见图七）

图七 高效创新企业如何与各类利益相关者合作？

计划在未来五年内在很大程度上采用一种创新实践的受访者

% ■ 高增长企业，n=118，vs. ■ 其他企业，n=722

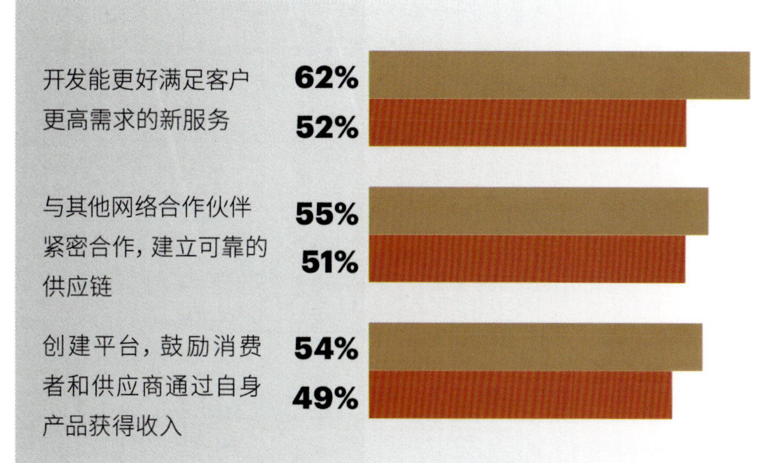

例如，埃森哲与Amazon Web Services和Age UK合作开发了一个人工智能平台来帮助老年人管理自身福祉。老年人可以通过该平台便捷地获得阅读学习材料、音乐、日常锻炼建议和预约提醒等。家人和护理人员则可以通过“家人与护理员”门户网站查看老人的日常活动，比如是否已按时服药，或者提出了什么护理请求。该平台还可以根据用户定义的权限，监测行为异常并向家人或朋友预警。

7. 智能资产（见图八）

图八 高效创新企业如何开展智能资产和运营管理？

计划在未来五年内在很大程度上采用一种创新实践的受访者

% ■高增长企业，n=118，vs. ■其他企业，n=722

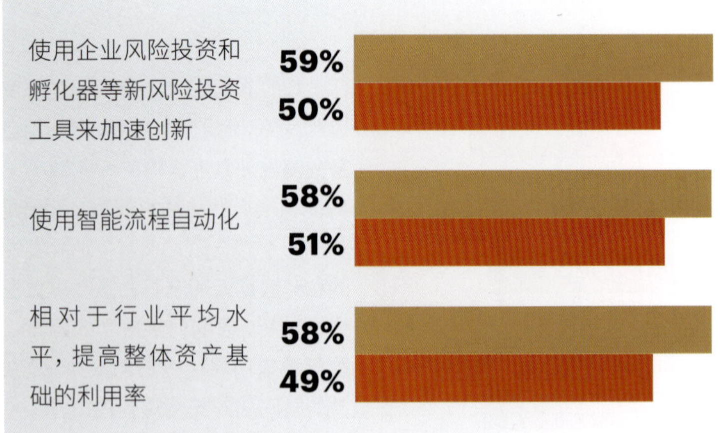

例如，区块链初创公司Digital Asset使用分布式账本技术，创建了可独立验证的单一版本交易记录，因而省去了业务活动。这一解决方案可减少结算和清算流程中统一不同记录的成本和时间，从而提升数据共享的安全性、准确性和实时性。比如，澳大利亚证券交易所（Australian Securities Exchange，简称ASX）就正在利用此项解决方案记录股权情况和管理股权交易的结算和清算。

将创新与财务绩效挂钩

随着高效创新企业将越来越多的创新实践应用到整个企业范围，并掌握越来越多上述特点，他们对利润增长的期待也就随之提高，并将创新举措与财务绩效直接挂钩。

专注于掌握一项特点的高效创新企业表示，他们期待利润（平均）以6%~10%的复合年均增长率增长。而那些专注于掌握所有七大特点的高效创新企业表示，他们期待利润以16%的复合年均增长率增长。

以耐克为例。其供应链紧密互联的趋势愈发显著。自2015年耐克与全球制造商伟创力（Flex）合作，通过先进的机器人和数字化，耐克现在仅需30秒即可完成一双鞋面的制作。通过感知和满足客户不断变化的需求，耐克不断改善自身关联度的能力，从而更高效地为客户提供服务。耐克还投资创建新型内部架构，将其作为“直击客户”（Consumer Direct Offense）战略的一部分，旨在建立从设计到交付为一体的集成化组织架构，并整合类别、设计、产品和营销。此外，其Nike+数字化平台有助于提升耐克收集和分析客户数据的能力。另外，耐克不断致力于成为兼容并包、有责任有担当的企业。从纱线和镶边到足球服和篮球鞋，耐克71%的鞋袜和服装产品中都用到了一种可循环利用的优质材料Nike Grind。耐克通过改进以上特点，公司业绩超过标准普尔500指数公司。2013年4月到2018年10月，标准普尔500指数公司估值增长了64%，而耐克市值增长了110%，为原先市值的两倍多。

创新之旅充斥着各种挑战，我们也无法提供万无一失的良策。即使是那些目光长远且拥有全面综合能力的企业，也可能由于基础执行力度不足、市场误读、监管混乱等原因失败。不过，企业可以利用创新成果解决消费者和社会面临的重大问题，实现组织内部的彻底变革，为制胜未来奠定坚实基础。

安博奥
埃森哲通信、媒体与高科技事业部
首席执行官
常驻伦敦
omar.abbosh@accenture.com

保罗·诺恩斯
埃森哲研究部思想领袖研究董事总经理
常驻波士顿
paul.f.nunes@accenture.com

韦德拉纳·萨维奇
埃森哲研究部思想领袖研究总监
常驻墨尔本
vedrana.savic@accenture.com

迈克尔·摩尔
埃森哲研究部思想领袖研究高级研究员
常驻伦敦
michael.d.moore@accenture.com

工业再造：我们在沉浸中共创

揭秘埃森哲中国数字创新中心

访 王若霈

提要 工业企业数字化转型没有标准答案，只有通过体验、发现、共创，亲身经历设计解决方案的过程，才能确保创新融入企业核心竞争力。

俞毅
埃森哲数字服务大中华区总裁

随着数字技术的持续推进，工业互联网的发展正在步入快车道。不出几年，紧密互联的智能化工业生产制造将在中国成为主流，通过打通生产和消费，彻底颠覆市场格局。面对这场根本性变革，工业企业一面踌躇满志，期盼在这片蓝海中大施拳脚，一面却无所适从，犹豫该从何种路径、以何种方式开始数字化转型征程。

2019年5月，作为埃森哲全球创新架构的重要成员，**埃森哲中国数字创新中心**在上海落地，创新中心将重点围绕工业X.0，与工业企业共同探索数字化转型之路。为此，《展望》专访了中心负责人**埃森哲数字服务大中华区总裁俞毅**，揭秘该中心如何协同企业利用数字技术让转型愿景落地生根。

《展望》：埃森哲中国数字创新中心将重点围绕工业X.0展开，如何理解工业X.0?

俞毅：工业X.0就是工业企业的数字化再造，它通过联合部署一系列的数字化技术，包括物联网、增强与虚拟现实、大数据、机器学习、移动与边缘计算、3D打印等，来打造“活”产品、“活”服务，实现核心业务转型以及新业务增长。

我们知道德国最早提出了“工业4.0”概念，也就是利用信息化技术促进制造产业变革，中国政府也继而在“十三五”规划中提出了智能制造的愿景，就在2019年初“智能+”第一次出现在总理报告中，可以预见人工智能和传统制造业的结合将成为2019年的重要发展方向。埃森哲认为按照这个演变过程，制造业很快将经历快速迭代。埃森哲将其称之为工业X.0，是关注如何实现产业数字化的实际价值，通过数字化转换新动能。

《展望》：中国近些年一直强调工业企业数字化转型，为什么转型需求如此迫切?

俞毅：在过去二十年，消费互联网在中国迅速渗透进人们生活的各个领域，包括电子商务、社交网络等领域涌现出了多个巨头型企业，深刻地影响了人们生活和消费的习惯。可以说，中国消费互联网全球领先。在这个背景下，消费互联网积累的海量消费数据、创新商业模式以及数字化技术应用经验，正在沿着产业链倒逼后端生产制造环节转型，推动工业互联网的发展。

对于工业企业来说，一边是需求侧对于“活”产品、“活”服务的需求，正在驱动工业企业转变运营模式、工作方式及组织方式，以生产创新的工业产品；一边是产业内外的竞争压力，我们看到传统非工业企业也正在介入生产制造环节，比如阿里巴巴提出“新制造”。随着中国制造业成本升高、人口红利逐渐消失，出口导向型企业的发展空间更被进一步挤压。

我们发现，工业企业由于对历史优势过于依赖和自信，无法敏锐察觉市场环境变化，对必要变革迟疑不决，常常遭到技术和资本的挤压式颠覆，面临长期盈利困境。所以我们说工业企业数字化转型是迫在眉睫的。

《展望》：您认为目前中国工业企业数字化转型进展到什么阶段？

俞毅：中国工业企业数字化转型呈现两极化现象。有些企业可能连工业2.0还没达到，但另一些企业尤其是汽车、消费电子和快消品等领域已经走在前面。总体来看，中国制造企业数字化水平整体较低，目前只有7%的企业转型成效显著，成为转型领军者；在过去三年内，其他企业营业收入的复合增长率只有领军者的不到五分之一，销售利润率也远不及数字领军者。

实际上，中国工业企业实施数字化转型的意愿很强烈，但当下正面临两个主要痛点，一方面，有些企业进入到概念验证阶段，但创新没有形成规模；另一方面，中国工业企业在数字化方面投入不少，但是没有达到预期效益。

《展望》：工业企业应该如何选择数字化转型路径？

俞毅：工业数字化转型有三个关键点：一是产品；二是用户；三是生态。实际上，这对应着工业企业数字化转型的三个阶段：打通企业业务流程的内化阶段、实现产品服务一体化的外化阶段，以及为行业赋能的平台外挂阶段。我认为工业企业应该理顺内化、外化和外挂三个阶段，不能混为一谈，不能好高骛远，但同时也不能完全割裂看待这三个阶段，在短期以生存为目的，中期以发展为目的，长期以突破为目的，唯有这样才能实现企业持续创新和规模化创新。

亚马逊有一个很好的实践经验。通过对微波炉进行分析，亚马逊发现一台200美元的微波炉加热功能只花费不到60美元成本，耗费大量成本的交互界面实际上使用率很低。于是亚马逊做了产品创新，通过人工智能语音助手Alexa实现更简单便捷的人机交互，免去了很多物理电控功能，将微波炉成本降低近一半，同时又提升了用户体验，在生产制造环节整合制造商资源，从而占据了微波炉制造的制高点。

不过，由于工业企业数字化转型周期长、资本投入大，无论工业企业选择从改善产品研发体系、产品加服务，还是从供应链改善入手，第一步都是使现有核心业务能够得到提升，降低核心业务成本、提升效率、实现快速见效，在此基础上再做一些新产品和服务的研发和推广。在核心业务中掌握转轨的节奏，太快了可能后继乏力，太慢了又会被市场淘汰。

《展望》：在工业X.0中，工业企业应当优先布局应用什么技术？

首先，数字技术布局要意识到联合应用技术才能充分实现技术价值，不能零敲碎打，企业应该将侧重降低成本的数字技术与拉动营收增长的数字技术区分开来，从行业场景出发，合理部署数字技术联合方案。

其次是根据转型需求在技术布局上有所侧重，比如实现产品创新，要着重以嵌入式软件为核心的工程技术，改善用户体验应关注AR、VR、区块链等技术。另外，AI和数字孪生也是工业企业目前着重关注的技术，它覆盖到工业企业从研发到生产，再到销售和维护的产品全生命周期，未来势必是企业发力重点。

然而，技术五花八门，如何与企业业务、痛点和客户需求结合，锁定重点仍然是一个需要持续讨论的问题，并没有普适方法论和固定手段。这也是埃森哲中国数字创新中心的任务之一。在沉浸式的场景中，用户能够看到企业端、用户端和第三方如何介入产品生产研发流程，并通过展示数字技术和应用场景为客户带来启发。

《展望》：在全球，工业领军企业有哪些实现创新规模化的经验值得中国企业借鉴？

俞毅：埃森哲2019年最新“工业X.0”研究中，我们发现如果企业能够妥善地应对**管理一致性、数字价值衡量、技能、技术基础设施、伙伴关系管理和企业文化六大挑战**，就可以改善创新投资回报水平。

其中在数字价值衡量方面，我认为除了营收等定量财务指标之外，也应该关注一些里程碑式的定性描述。比如一些企业正在通过电商进行销售，电商销售所得比例可能不高，但是它可以用来做用户测试，基于此制定定价策略、销售渠道策略等，有更长远的意义。所以评估效益时需要制定更复杂的模型，并关注一些软指标。

另外，我尤其强调企业文化，因为很多工业企业人员来自工程或者生产领域，极其关注产品本身，缺少对用户体验的同理心，所以内部推动非常重要，有必要开展数字文化的培训，包括如何引入设计思维、如何打造创新中心、如何协调人机关系等。

《展望》：在埃森哲中国数字创新中心，为什么沉浸式场景至关重要？

俞毅：大家都在讲“未来已来”，但什么是数字化变革会带来的巨变，如何展开数字化转型，大家都在摸索过程中，没有现成的标准答案。只有在新技术和新流程的帮助下，从被动性地应对问题转变为预见性地防控问题，再到将目光积极投向未来发展模式的创新，才能在未来竞争中占得先机。埃森哲作为咨询公司也要进行自我颠覆，重新定义自己和客户的关系，由专家或顾问式的眼光，转为变成企业的伙伴共同直击痛点，共同创新商业模式，探索和交付技术与商业无缝融合的最佳运营实践。

数字化变革如此紧迫，中国企业也逐渐意识到不能再坐享其成，因为由专业服务公司提供现成的路线图和解决方案更容易被竞争者复制，只有通过体验、发现、共创，亲身经历设计解决方案的过程，才能确保创新融入企业核心竞争力，以企业创新DNA的进化保持行业领先地位。

埃森哲创新中心就是这样一个共创场景。在其中我们与客户一起探索数字化转型路径、方向和方法。埃森哲从2017年起就开始在全球建立创新中心，一方面让用户眼见为实地体验新技术，另一方面也提供全球最佳实践案例为客户提供启发，并集合埃森哲全方位的能力，鼎力支持企业数字化转型进程。

德国是工业智能化的佼佼者，埃森哲早在德国酝酿“工业4.0”概念时就是核心专家组成员，因此当埃森哲在德国设立工业物联网创新中心时，中国企业客户纷纷要求去实地体验包括西门子、BMW、SAP、博世等领先企业的数字化转型经验，试图了解工业企业如何创新。远水解不了近渴，如今有机会在中国落地数字创新中心，为什么不呢？

在规划埃森哲中国的数字创新中心过程中，我们发现中国客户对于共创模式的接受度很高，但前提是眼见为实、体验为先。所以我们这个本土中心的想法是，通过沉浸式展示和体验行业领先的技术应用，启发客户创新思路，进而为每一家客户的独特需求开发原型、确定应用场景、概念验证，最终实现产业化。整个过程确保让客户既能上手掌控，又能随时调整。

《展望》：埃森哲中国数字创新中心针对中国有哪些定制化方案？

俞毅：事实上，埃森哲中国数字创新中心之所以设立在上海，正是考虑到上海在智能制造国家战略和“智能+”时代背景下扮演的重要角色，上海智能制造已形成“价值链”相对高端、“产业链”较为完整、“创新链”协同较强、“资源链”相对集聚的综合优势，有利于埃森哲展开端到端的工业数字化转型服务。设立在工业重镇杨浦区也希望能够和上海的技术创新重心更加吻合，长阳创谷中有很多工业创新企业，相信能够共同营造出本土的创新氛围。

埃森哲在中国建立创新中心，势必将会更加贴近中国客户的需求。我们深刻理解中国工业企业在智能制造领域“换道超车”的战略意图，一方面考虑到近两年在中国如火如荼展开的出行领域及仓储物流等技术和商业模式创新，埃森哲中国数字创新中心特别突出了汽车和工业自动化主题，展示了包括自动驾驶、工业机器人等技术；另一方面，我们所展示的技术、场景和内容都更贴近本土，比如囊括了来自阿里巴巴和斑马智行的解决方案。对于已经部署技术的企业，我们希望能够协助它们进一步优化技术应用，对于尚未开始的企业，则启发它们展开技术布局，甚至参与跨界数字市场的开拓和竞争。

埃森哲中国数字创新中心

包含以IX.0为主的创新中心、柔性工作室（Liquid Studio）和交付中心等组成部分；

技术应用演示包括**增强现实/虚拟现实（AR/VR）、人工智能、互联产品、数字孪生和自动化**等行业解决方案，助力客户在**汽车、装备制造、能源、物流、消费品、零售**等行业展开联合创新。

王若霈
埃森哲《展望》期刊执行主编
常驻上海
ruopei.wang@accenture.com

智能+未来：我们用实验激发变革

探访埃森哲深圳全球创新研发中心

访 王若霈

提要 面对人机共融共生时代，企业需要在思想和行动上做好充足准备，协同“人的智慧”和“机器的能力”，实现非凡成就。

阮大卫（David Nguyen）
埃森哲深圳全球创新研发中心总监

随着人工智能（Artificial Intelligence，简称AI）飞速发展，企业利用AI驱动创新已成大势所趋，人机协作的工作环境将成为未来可期的场景。面对这场历史上最重大的劳动力转型，管理者亟待厘清和解决一揽子问题：未来人机协作的工作模式是什么？企业应该如何重构业务和组织模式？企业需要建立何种组织文化？如何培训员工适应未来的工作模式？如何充分利用人工智能实现创新规模化？

在2019年4月落成的**埃森哲深圳全球创新研发中心**，来自埃森哲深圳技术研究院的人工智能研发团队将针对这些问题重点开展应用技术研发。他们将应用尖端的AI技术，包括机器学习、深度学习、自然语言处理、知识图谱，探索如何采用全新方法解决企业的关键业务问题。为此，《展望》专访**埃森哲深圳技术研究院总监阮大卫博士（David Nguyen）**，探讨了如何利用人工智能，培育智能化创新，并实现创新落地。

《展望》：每个埃森哲技术研究院都有重点研究课题，落地在中国深圳的研发中心为何重点关注人工智能与机器人技术？

阮大卫：首先，人工智能是我们当下所看到的最具变革性的技术，毫不夸张地说，人工智能将承载甚至在某些新兴领域超越人类智慧的生产力。以大数据作为能力来源、计算能力作为核心资源，AI可以帮助企业提升组织效率、降低运营成本。如果AI与我们所谈论的其他重要科技趋势比如量子计算、扩展现实、区块链等结合，能够产生更大的聚合效应。埃森哲一直致力于为企业客户应用最新技术，以打造全新业务优势，人工智能是我们的必然之选。

其次，随着中国政府提出“智能+”，人工智能作为基础设施与产业融合、加速经济结构优化升级已经成为国家战略，中国势必会成为推动人工智能技术发展与应用以及相关人才培养的领先者，这为埃森哲研究和应用人工智能技术提供了优渥土壤。

最后，深圳集聚了一系列来自本土和全球的高端制造业和高科技企业，它们既是人工智能与机器人技术的应用者，也是推动者，是埃森哲生态系统中的重要合作伙伴。随着粤港澳大湾区的发展推进，深圳的创新区位优势会更加明显，对于埃森哲来说，这里是研究人工智能与机器人技术的理想之地。

《展望》：人工智能在企业数字化转型过程中扮演什么角色？

阮大卫： 人工智能之所以关键，是因为它可以在企业数字化转型的各个阶段、业务领域发挥作用。在生产制造环节，人机协作小组正在改变工厂车间面貌；在后台操作环节，人工智能技术可以帮助过滤和分析各种来源的信息流，使单调乏味的重复性任务实现自动化操作，并且提升人的技能和专业知识；在创新研发过程中，人工智能在每一个研发阶段——观察、假设生成、实验设计和结果分析提升研发效率、显著改善结果；在市场营销和销售部门，机器学习技术使像亚马逊、苹果的智能语音助手成为这些知名品牌的用户界面和数字化身。

即使是简单应用，AI也可以显著提升工作的效果和效率。举例来说，如果你试图通过大量的房地产数据预测未来成本，过去你会聘用大数据科学家帮助你建立和训练人工智能模型，而现在，你只需要把数据上传到AI服务平台，AI就会自动构建预测模型，它在某些能力领域甚至优于数据科学家。

此外，AI会彻底改变企业的工作方式和业务流程，重点是将人类从枯燥繁琐的重复性劳动中解放出来，实现人与智能协同工作、各施所长。但如何具体协作呢？我们称之为"缺失的中间地带"，在这里仍然有很多创新机会。比如说，过去设计师设计一把椅子，会先选择设计维度，比如椅子靠背高度、材料等，然后组合所有维度的多种选择，这个过程相当乏味。但由Autodesk开发名为Dreamcatcher的AI系统，就可以将设计过程转变为人机协作，人类以灵感指导，AI承担设计方案迭代的繁琐任务。

《展望》：您认为中国企业人工智能技术应用达到什么程度？

阮大卫： 中国企业的AI应用程度比大家意识到的更高。日本日经发布的统计数据显示，中国2018年共计申请3万项人工智能公开专利，大约较五年前增长10倍，专利领域的增长主要来自电子商务、数据搜索和语言处理等领域，其中图片处理专利达到了1.6万项。从刷脸支付、美颜相机到无人车/无人机配送，人工智能技术的应用甚至已经渗透到生产生活的方方面面。

不过，尽管人工智能技术已经无处不在，AI技术在企业中的应用仍有很多尚未开发的潜力。从自动化质量控制检查，到利用AI技术完全重新规划产品设计周期，仍有很多机会，AI技术在交通、能源、金融等领域的应用也还有很长的路要走。

埃森哲的一项研究发现，有28%应用过或正在应用AI技术的企业表示它们将AI技术"作为实验部分应用"。这个数字并不令我惊讶。不可否认的是，实验是企业提高对AI能力认知和应用的最佳方法之一，但是训练AI是第一步而且仅是概念验证的一部分，完整的解决方案实际上需要非凡的管理，而缺乏这一点恰恰是创新项目失败的常见原因。

企业智能化创新尚待开发的另一个原因，是AI人才配备不足——他们应该既了解业务问题，又接受且了解应用AI。埃森哲一项调研显示，超过三分之二的受访者认为，他们的企业没有准备好迎接AI时代。因此，为了解决AI人才配备不足的问题，企业应该持续投资，在现有员工团队进行在职培训和转岗。

《展望》：AI技术五花八门，企业研发部门应该如何起步？

阮大卫： 人工智能是一系列先进技术的集合，使机器能够感知、理解、行动和学习。虽然我们正在研究讨论的是非常前沿的技术，但在我心中，答案很简单，起步都是Lo-Fi测试（编者注：Lo-Fi是指低技术水平，明显优势就是极低成本，非程序员也可以参与其中）。

假设你所处的公司完全没有将聊天机器人应用于员工人力资源服务的经验，你想了解员工是否会使用这类AI服务，最佳方法就是去测试和学习。但是，我并不主张企业马上去购买并开始训练一个聊天机器人。我可能先设置一个假机器人——它的背后实际上就是一个真正的人，然后试图回答一些基础问题，类似于"多少人会使用聊天机器人""它是否有效""它将解决哪些问题""它的可行性如何"，等等。

基于这些信息，你可以编写一个相当具体的商业用例，据此你可以确定AI技术的使用领域和类型、设定切实的回报预期、制定合理的部署方式，而且还没有在技术解决方案上有任何花销。

《展望》：当企业开始应用AI技术，需要关注哪些基础问题？

阮大卫： 基于对应用高级AI技术的前沿公司的观察，埃森哲发现了五个关键的管理措施，虽然我们仍然处于人工智能驱动企业转型的初期阶段，但这些措施可以为企业提供一条前行的道路。这“五大关键原则”是思维模式、实验、领导力、数据和技能。

我想要强调，实验永远是第一位——企业应该积极地进行人工智能实验，以便快速了解如何通过技术改革流程，以及改革哪些方面可以扩大流程的规模和范围，而且如之前所说，很多时候实验方法并不涉及前沿技术。

其次，超前决策。最具竞争力的公司在应用AI初期就考虑AI将如何改变员工工作方式、组织应该如何工作以及现在可以将什么产品推向市场。

最后，保持责任感。很多人从内心里对技术不信任，而且担忧工作被人工智能取代。企业应该意识到这一点，帮助员工与人工智能融洽相处，并且负责任地开发、应用AI解决方案。

《展望》：哪些做法是区分AI应用领军者和其他企业的关键？

阮大卫：优良的数据是人工智能技术取得进展的首要基础。数据是推动人工智能的基本燃料。如果企业想要成功应用AI实现创新规模化，就要把数据的获得看作是整个企业共同捕获、清理、整合、策划和存储信息的动态过程。企业必须获得丰富、庞大的数据，并应用于人工智能的训练。同时，还要规范业务流程和组织架构，使所有步骤具有高度的可操作性和可衡量性。持续投资创新，建立创新文化，专注于挑战现状，并设置实验来不断测试和学习。

还要大力关注人才战略。事实上，现在企业最大的挑战就是找到合适的AI人才，同时应该注意 AI 技术的引入会产生许多新的工作责任和岗位，企业应该为此做好准备。例如，在开发下一代无人驾驶汽车时，日产有一个团队，其中包括汽车设计师、工程师和AI科学家。除此之外，团队还有人类学家，他的职责是了解人，培训机器（例如AI司机）与人合作。

《展望》：企业应该如何在“缺失的中间地带”帮助员工与AI协同共生？

阮大卫：毫无疑问，AI将会颠覆人与技术之间的关系。很多领域的劳动力不可避免地会受到不同程度的冲击，有些岗位可能会被人工智能取代。但是，如果企业负责任地采取行动，那么应用AI技术将产生完全积极的影响。实际上，我们认为机器会推动长期的就业增长。银行柜员机是一个很好的例子。这些机器在引进初期确实导致银行柜员的减少，但是随着银行分支机构增加、运营效率提升，带来了更多就业机会。

那些会被AI所取代的工作是机械、重复、枯燥的工作，换言之，AI将人类从中解放出来，回归人性，使人类员工有更多时间去做人类擅长的事情，比如人际交往、社交、决策等。负责任的企业会重新设计员工角色、技能，并持续投资帮助员工重构能力。在未来，人机会有更紧密的协作。现在人类和机器比较像主仆关系，未来可能更像合作关系，共同探索、完成不凡的任务。

《展望》：深圳全球创新研发中心将如何整合资源帮助客户应用AI？

阮大卫：这个研发中心跨地域、跨行业地开展工作，这使我们拥有整合生态系统中所有合作伙伴的独特优势。我们与埃森哲全球创新架构紧密合作——除了我带领的埃森哲技术研究院，我们还有埃森哲商业研究院的研究团队，可以帮助发掘行业趋势、数据驱动洞察；而埃森哲的高科技风投部门，可以帮助我们参与到包括新兴企业在内的更广泛的生态系统中；数字工作室则可以快速敏捷地验证技术解决方案。

在埃森哲深圳全球创新研发中心，我们寻求客户激励，构思新的方法，并与我们的客户一起在创新项目中注入活力。

埃森哲深圳全球创新研发中心

汇集了：

埃森哲商业研究院—结合行业知识和先进的研究技术，揭示中国市场的重要商业趋势和洞察；

埃森哲技术研究院—通过对颠覆性技术进行应用研发、培育新概念，帮助客户开创未来；

埃森哲高科技风投—作为连接全球创新生态的桥梁，通过促进客户与一流初创企业的合作，助其加速转型，开辟增长机遇；

埃森哲数字工作室—帮助企业通过快速开发软件应用和原型打造，将概念转化为实际业务解决方案。

王若霈
埃森哲《展望》期刊执行主编
常驻上海
ruopei.wang@accenture.com

以人为本，方可驾驭AI时代

文 马克、韩舒淋

提要 关于智能技术驱动的未来商业，埃森哲首席技术官兼创新官保罗•多尔蒂（Paul Daugherty）对中国企业的建议是，创新者无须过于炫技，而必须用AI把人类从传统工作负担中解放出来，让技术以更自然的方式为绝大部分人类所易用。

人工智能无疑是企业数字化转型的重要推手，它不仅使许多流程实现了自动化操作，还促成了人机协同工作的全新模式。然而，随着人工智能技术的应用愈加广泛，挑战也随之浮现：通过部署人工智能，一些企业生产效率短时间内提升，最终却停滞不前。相反，另外一些公司则获得了突破性进展。造成这种差异的根源在于企业如何理解人工智能影响的本质。

在与《财经》记者的对话中，埃森哲首席技术官兼创新官保罗·多尔蒂（Paul Daugherty）与埃森哲全球技术与架构部门高级常务董事亚当·伯登（Adam Burden）探讨了何为人工智能、人工智能的影响以及如何解决应用人工智能所产生的问题，并分享了对人工智能技术的态度。简而言之，“克服新技术恐惧症的最好办法就是拥抱新技术，把自己变成新技术的代表。”

人工智能可感知、理解、行动、学习

《财经》：过去几年出现了很多概念，大数据、工业4.0、物联网、数字化等等，这两年最火的概念是AI，它们想要实现的功效似乎是一样的——预测、分析、降低成本、提高产出，尤其是数字化和AI之间，很多人都搞不清这两者的关系。我们的问题是：什么是真正的人工智能技术？

保罗：数字化是由SMAC技术驱动的，也就是社交网络（Social Media）、移动互联网（Mobility）、分析（Analytic）和云计算（Cloud Computing）。这些技术是推动数字化的主要技术，也是实现工业4.0、建造互联工厂、使用物联网制造互联产品的基础技术。而AI把它们带到更高层面，比单独的社交、移动、分析或云技术给大型组织带来的变化更加显著，它构筑在数字化的基础之上，通过机器学习、深度学习等新的人工智能技术，创造出强大的新能力。比如工业4.0是一个拥有互联工厂、互联网制造的好例子，然后通过人工智能，可以在数字孪生的数据模型基础上进行更强大的预测模拟和业务分析，推动产生不同类型的业务成果。

亚当：我想在很多方面，人工智能时代是由数字化带入的：云计算降低了计算门槛，能以极低成本进行大量计算，使人们能够开发算法和模型来运行人工智能。人工智能不是一项新技术，它已经有几十年的历史，但只有在巨大廉价的计算能力出现后它才有机会走上最前沿。过去几十年，算法有很多进步，但是对许多应用来说都不实用。如今，计算力和技术真正赶上了人工智能理论，我们正在释放出令人难以置信的巨大力量。

《财经》：我们记得五六年前人们都在谈论大数据技术，现在人们都在谈论AI，两者有什么区别？

保罗：大数据是整个SMAC和数字化的关键部分，移动应用和其他一些技术创新使得公司可以收集更多数据，大数据技术能让公司通过视频、社交和其他渠道导入非结构化数据，积累起更多数据。与此不同，AI提供的是在机器学习范畴下的新技术：深度学习、监督学习、无监督学习等，这些新算法和解决方案允许人们用数据来训练算法。

人工智能带来的最大区别是，五年前，我们使用大数据来编程，尝试将业务自动化或使用数据来预测结果，但这样处理、使用大量数据很困难；而通过机器学习，我们可以更快理解数据模型，更快推动业务决策、获得成果。因此，人工智能的重大创新是能够使用数据来创建算法，而不是必须开发程序来处理数据。

《财经》：能否说大数据技术是人工智能技术的基础？

保罗：是的，有一种说法是数据是人工智能引擎的燃料。有了大数据技术，我们获取了数据，但公司还无法用它做任何事情，而有了人工智能之后就可以，这就是关键所在。

晶体管是在70年前发明的，我们也因此有了70年的编程史，编程是一项艰苦的工作，你必须编写确切的指令、进行测试以确保它是完全正确的。因此我们可以解决的问题非常少，都是那些可以指定确切规则和步骤的问题。

而机器学习正在扭转局面，为我们提供全新的功能，我们可以基于数据推导来创建解决方案，我们再也不需要编程了。比如，通过编程来给自动驾驶汽车搭建视觉系统几乎是不可能的，而用人工智能机器学习进行训练就相对容易。

这就是AI为我们提供的创新：不需要确切的步骤也能够开发非常复杂的解决方案。这为自动驾驶、医疗和很多领域的分析需求提供了新的解决方案，在许多领域我们可以解决使用传统技术开发方法难以解决的问题。

亚当：我们认为人工智能系统是感知、理解、行动及学习的系统，感知、理解、行动和学习是人工智能系统的关键特征，也是在编程中将它们与常规确定性系统区分开来的特征。

人工智能将无处不在

《财经》：过去30年，个人计算机、互联网、智能手机，都根本性地改变了人们的生活，人工智能是这样的技术吗？

保罗：我在埃森哲工作了32年，经历了各种技术趋势，但人工智能是其中最重大的技术变革。现在我们大量使用智能手机，我预测在不到十年的时间内，我们将不再携带这些手机，通过语音、更先进的虚拟现实技术和无头戴设备的系统进行通信，我们将拥有更多人性化的与技术互动的方式。人工智能将与我们的生活工作水乳交融。

技术正从工具变为我们的一部分。过去70年的历史里，个人电脑和其他的技术都是工具，你带着电脑、手机，在需要的时候使用它们，而未来技术将成为我们生活、工作的自然组成部分，工具将会消失。

几年后我们会有个人人工智能助理，它比你更了解你自己，帮助你更有效地沟通、生活和工作。这就是人工智能的强大力量：它有感知、理解、行动和学习的能力，技术因此变得人性化。

亚当：这是一个悖论，技术越先进，你就越看不到它。随着人工智能技术的进步，它将无处不在，与你互动的方式将更加自然，而你对此将习以为常，不会特别感受到它的存在。2018年我们的《技术展望》报告提出，“人工智能是新的用户界面”——它会出现在你周围的任何地方，你不会再只看到屏幕了。

《财经》：我们相信人工智能技术将主要以软件形态体现，但它将搭载在硬件上，目前我们首先想到的是手机，如果十年后手机不再是第一硬件，那么未来搭载人工智能的硬件会是什么？

保罗：我们会通过物联网设备使用人工智能技术。它遍布世界，包括手机、屋内的恒温器、汽车中的设备等等，人工智能以各种不同的方式嵌入你周围，出现在我们身边的每一个设备中。

2017年我在国际消费电子产品展（CES）的展厅走过时，所有设备都与我交谈，那是语音交互很受欢迎的一年，洗衣机在跟我说话，汽车在说话，电脑在说话，每个设备都有AI语音功能，这太可怕了，未来不应该是这个样子。

未来，你将拥有代表你与这些设备互动的私人助理，而不是你与所有这些五花八门的设备直接交谈。五年到十年后，最个性化的设备将是AI个人助理，它的存在会比智能手机广得多。它会知道你的驾驶路线、你如何购物、如何与朋友和他人交往。我认为，高度个性化的AI助理将取代今天智能手机的地位。

现在的技术仍然太难用了，智能手机已经是最容易用的设备，但你还是得费脑筋去想该怎么用它，我们的精力不该花在这上面。未来AI将把我们解放出来，技术将以更自然的方式为人类所用。我们将拥有个人AI助理，虽然目前制造它的公司尚不存在，但它将与今日的手机、微信平台这类产品一样重要。到那个时候，建立信任将变得非常重要，信任程度大小将成为未来公司的差异化所在。

以亚马逊为例，在美国，它提供一项名为亚马逊密钥（Amazon Key）的新服务，消费者向亚马逊提供他们家中的数字密钥，亚马逊能在客户不在家时交货。想象一下亚马逊与其大量客户建立的这种信任程度，是其他任何零售公司都无法比拟的，它可以做到这一点，就是它可信任的优势。

AI时代巨头必须具备创新能力

《财经》：每一次技术革命都会催生新的技术巨头，电气时代出现了GE、西门子，计算机时代出现了微软、IBM；互联网时代出现了谷歌、Facebook和亚马逊，AI时代还会有新巨头吗？之所以这么问是因为AI时代跟过去的时代都不同，例如，互联网巨头在20世纪90年代起步时PC巨头并没有涉

足它们的业务，但现在我们看到从微软、苹果、谷歌、Facebook、亚马逊到阿里巴巴、腾讯、百度、京东，所有的现有巨头都在重仓AI技术。

保罗：是的，但我仍然认为会有新巨头出现，它将是一个我们还不知道的公司，它会发明人类与技术更好的互动方式。

平台型巨头确实拥有赢得AI时代的所有优势：拥有数据、拥有AI专业知识、拥有平台、拥有庞大消费群体。但问题是：它们会继续赢吗？

我们处在一个比以往更好的创新时代，商业不仅仅是关于扩张规模和消灭竞争对手，每个人都知道要不断创新。

苹果、谷歌、Facebook、亚马逊、腾讯、阿里巴巴都投资了很多创业公司，它们试图跟上新的潮流。但我认为这是一个不同的时代。十年前决定输赢的不是创新，而是全球化的规模和效率。如今创新已经成为首要的差异化因素，具备创新能力的公司将掀起下一波浪潮。

亚当：还有另一个因素，那就是监管。监管机构可能会介入，要求巨头做出改变，甚至拆分成不同的公司，这也会改变未来图景，给新人带来机会。

保罗：也许通过监管来创造新巨头比较难，但可能会出台影响当前格局的监管规则。总的来说，我相信当前这些巨头20年后未必仍然是巨头，会有一些新的公司更适应未来的市场，只是我们现在还不确切地知道它们是谁。

开发AI人才，开启人机协作时代

《财经》：很多人认为AI摧毁的工作岗位将比创造的工作岗位多得多，你如何看待这个问题？

保罗：我们相信会创造更多的就业机会。

世界经济论坛做了一项研究，到2022年，AI将消灭大约7500万个工作岗位，创造1.28亿个工作岗位，多了5000多万个就业岗位。经合组织的一份研究报告也得出了类似结论。所以问题是，7500万被替换者是否有技能来从事新的工作。

这是非常真实的问题，也是我最关心的问题。我认为这是我们这一代人面临的最大挑战——失业的劳动力没有合适的技能从事新的工作，一个国家没有未来所需的劳动力。

我们在书中谈道：企业需要承担更多责任，因为工作岗位正在发生变化，企业需要投资于它们的劳动力，因为哪怕是协作机器人也需要训练有素的工人来使用它们。我经常使用并在本书中谈到的一句话是：AI时代可以做的最好投资就是投资培训员工。

《财经》：员工需要怎样的培训，他们要去学习编程或者深度学习算法吗？

保罗：有两类培训：你需要雇用和培训做AI的人，就是开发人员和机器学习专家、程序员，但这只是一小部分。另一类，大部分人是使用AI工具、以不同方式完成工作的人，这也是再培训的重点。

以我们的抵押贷款处理业务为例，它采用业务流程外包（Business Process Outsourcing）的形式来进行，抵押数据验证工作可以通过RPA（机器人流程自动化）和AI技术实现自动化处理，而做这项工作的员工还是之前的员工。通过培训，现在他们用新技能提供咨询服务，分析抵押贷款数据，为客户带来高价值的服务。因此，企业、政府需要在再培训方面投入更多资金。大多数国家的投资到大学为止，在终身学习上投入不足。

简言之，未来需要开发AI的人才，使用AI的人才，而企业和政府需要为此承担责任。

《财经》：员工总是需要学习新技能，比如二三十年前他们需要学习如何使用计算机，AI时代的学习有什么不同吗？

保罗：知识更新的速度更快，因为新技术出现的速度更快。过去员工使用电脑，培训之后可以用五年到十年。现在正在发生的是持续的变化，我们正在应用AI不断改进业务，不断改变工作方式，员工需要更加持续地学习。

毫无疑问，AI会为人类未来提供更好的解决方案。问题是在这个过渡时期，对就业会有利吗？我们都不知道答案，但我们知道如果在再培训上投入更多资金，事情就会变好。

此外也有很多关于最低收入的讨论，即我们需要向因AI而失去工作的人支付补偿，我不认为这对每个人都有必要，但我们确实需要考虑他们的生活。比如体力劳动工作，自动化后，工人可能需要一到两年才能学会适应新工作的技能，在此期间，他们需要政府的支持，需要社会的支持。

工人的过渡问题非常严峻，我们还没有找到解决这个问题的好办法。企业和政府需要做更多的事情，现在就得开始投资，我们不能等到危机出现之后才开始投资。如果我们等到数百万司机被自动驾驶汽车取代才开始行动，问题就会更严重。

保罗•多尔蒂的专著《机器与人：埃森哲论新人工智能》中文版已于2018年10月份出版

马克
《财经》副主编，常驻北京

韩舒淋
《财经》资深记者，常驻北京

别让亲密成为品牌枷锁

文 范跃龙、李正霓

提要 用数字营销亲密包围消费者，消灭注意力死角，并尽可能采集分析他们的数据，已成为许多大品牌的常规战术。然而“技术反冲”正在发生，更优秀的品牌因此反思客户体验和品牌增长的本质，并通过创新设计，摆脱营销套路的束缚。

中国已经成为全球数字营销的热土：移动电商、全渠道广告、程序化投放、社交媒体、垂直APP和短视频的活跃程度连年增长。品牌方企业既可在数字消费者的不同圈层中获取数据洞察，又能横跨多平台运营客户社群。但在这些繁荣与亲密的背后，品牌方的客户流失率也在悄然增加。

据埃森哲研究，数字营销“超限战”疲态初显，无休止的内容和信息推送让消费者疲惫不堪，越来越多的用户开始取消关注、退出订阅，以求消停。除了数字媒介通胀的经济因素之外，核心原因并不复杂：每位消费者不仅上网时间有限，而且数据安全意识已经觉醒。换言之，品牌总想无限亲近消费者却容易忘记：没有人愿意拿自己的隐私、健康与幸福，去无条件交换某个品牌对他360度无死角的爱。

如果你的品牌已经处在增长放缓的平台期，还有没有更高维度的策略，能够摆脱“大数据营销”迟早会陷入的窘境呢？如果你正在为某个品类推出新品牌，从服务设计的新趋势中，怎样抓住机会开辟一股清流呢？

你想更亲密，他们却见异思迁

埃森哲每年都在调研各国消费者对品牌“见异思迁”的经济现象及原因。2017年，仅在美国因消费者更换品牌产生的经济价值就已高达1万亿美元，64%的消费者只要觉得某些品牌无关紧要或体验欠佳就投奔竞品，而且一旦离去，他们多半不再回心转意。

埃森哲旗下专长于用户体验与服务设计的设计创新公司Fjord每年也通过寻访不同行业与品牌方企业，发掘到数字化消费的一个趋势：品牌在市场中扩张声量与攻势，已不再是提升销量的保障。用户在选择产品、服务和企业时所看重的价值已不同以往。过去，消费者追求新奇、兴奋和即时满足；而今，他们拒绝那些哗众取宠的企业。

随着数字技术的日常渗透和客户体验的全时在线，品牌方认为自己完全是在迎合消费者随时随地、随心所欲选购商品的物质需求，迎合消费者在同一品类中比价寻优、加入同好社群的心理需求。但是，当越来越密集的数字技术叠加在人类身上，带来的“技术反冲”（Techlash）却是品牌方始料未及的：

屏幕疲软：《Fjord趋势》2015就曾调查发现，当消费者平均每周查看手机屏幕次数达到1500次以上，就会明显对现实世界心不在焉。欲罢不能的成瘾心理开始让他们担忧，并考虑Digital Dieting（数字节制）的生活方式。不少初创公司甚至为人们放下手机、戒除网瘾而开辟了一个新的疗养产业。

中国在线零售业自那以后出现了实体店客源复兴的迹象。全球最领先的智能设备制造商也都在产品中嵌入每日屏幕观看时间的限定功能。这发生在硬件创新放缓、消费者更换新机意愿低迷的时期，尤为值得深思。2018年大热的中国某款短视频平台，在迅速聚集上亿日活用户后，决定推出青少年防沉迷设置。经过这样的变迁，如今品牌方如果仍向消费者加码推送不加差别的屏幕提醒，就不再是明智之举。

APP饱和：移动APP的竞争早已进入朝生暮死的红海。《Fjord趋势》2016年就看到了品牌方必须摆脱APP功能束缚的趋势，因为消费者真正想体验的是流畅自然、简便随意的服务，极不愿为在各种账号、APP和交易流程之间切换而浪费时间。从那时至今，用户的取消关注与卸载退订，无情折磨着APP设计团队的神经。

进而，淘宝和天猫的无界打通、微信和小程序海量吸纳的第三方品牌生态，也都在印证用户对于极简洁、零摩擦消费体验的需求，已经超越了日常的随时随地在线功能。当炒热APP的风投逐渐降温，品牌方更要清醒地认识到，横跨平台越多，就越难为核心消费者提供最贴心的服务设计，进而无法整合数据供应链，营销投入就无法在最关键的时刻准确触达客户。

信任流逝：5G时代之前的数字商业竞争，以用户流量为目标展开。但是不计代价争夺流量的副作用，是令所有品牌方不安的信任危机——这无疑是品牌价值杀手。例如算法对用户的身份偏见与机械迎合，使社交媒体、搜索引擎和视频门户饱受回音壁效应（Echo Chamber Effect）、假新闻和用户数据保管失当的质疑，甚至导致科技公司市值大幅减损。

品牌方通过数字营销平台获取的消费者数据，会被怎样的收集、利用和处置？与流量时代相比，更多用户担忧隐私泄露、利益受损，强烈要求“被遗忘权”和“断网权”，并将希望寄托在科技巨头垄断之外的替代产品。而更多品牌方则担心程序化购买的数字广告与数字内容自动匹配失误，阴差阳错地传递负面社会形象。以用户画像识别消费分群的某些品牌，为快速拉升客单价而设定的“大数据杀熟”算法，更是一条逼迫消费者用脚投票的邪路（编者注：所谓“大数据杀熟”指利用大数据算法识别忠诚客户，对其强制提价消费以谋取利益）。

他们更沉默，是在等你回归正念

2019年的《Fjord趋势》发现，沉默是金。苹果、微软、亚马逊和思科等全球主要科技公司，都在为减少用户屏幕使用时间、在重要时刻减少无谓分神而付诸行动。这象征着一流品牌在消费者渴望安静和正念的今天，与那些继续喧嚣的竞争者划清立场界限的有利策略。

埃森哲2018年全球消费者调研从另一个侧面的有趣发现是：在科技公司和智能产品制造商看来界面炫酷、能说会道的AI助手，其实55%的消费者既不使用，也不喜欢，因为他们觉得大部分助手的功能都不成熟（中国消费者对此吐槽最多），提供的内容和服务也与他们具体时刻、具体场景的具体需求相去甚远。至于这些助手的互动方式，近半的消费者觉得并不“炫酷”，反而十分“诡异”。还有59%的消费者觉得，AI推荐的消费项目，应当首先经过人类服务员确认，再呈现给他们。

另据这份调研显示，全球社交媒体活跃度已进入停滞期，甚至略有衰退，已有三分之一的全球消费者从不因个人事由而登录社交账号，而面对各大品牌发布的社交互动信息，如今已有43%的消费者视而不见。

画蛇添足和虚张声势的数字体验，暴露了品牌方对消费者同理心的缺失，只能为品牌带来价值消耗。但对于很多企业而言，立刻改变数字营销的饱和攻势，仍十分困难。毕竟，它们认为现有策略已经达到“精准”。但建立在客户体验基石上的“精准”才有意义，品牌方需要借助设计思维，克服巨大的行为惯性。

产品与服务的设计，唯有满足用户的整体需求，才能在花样层出不穷的竞争中独树一帜。此外，企业还要重新界定衡量营销活动成功的指标。例如，长远价值比使用时数更为重要，利他价值比交易收入更为重要。微信创始人张小龙总结开发心得时说，产品之外必须遵循的价值点，是把用户当作平等的朋友，除了连接不同公司提供的服务，微信不会查看用户的聊天记录，不会给用户发送骚扰信息。微信下一步的重要计划，是探索线下的精彩生活。

《Fjord趋势》在2019年还提醒品牌方，“大数据营销”的传统范式正在被新的监管环境和客户预期颠覆。低成本获客、高补贴竞争、侵略性的数据变现策略，都将不再有竞争力。“网红品牌”能够昙花一现，却很难结出硕果。过分夸大个人数据的商业价值，只会引起消费者的恐惧、反感和厌倦，甚至使“客户忠诚度计划”不再奏效。

因此，Fjord和埃森哲为品牌方提供的建议是数据减法：企业必须提高透明度，以事实令消费者相信，他们只会收集开发产品和服务所需的必要数据，不仅事先征得个人同意，并且会以负责任的方式使用和存储数据。

不少品牌方原本以为，只要消费者得到性价比更高、更个性化的体验，他们就会乐于与商家分享数据，但这个旧认知已经崩塌。根据埃森哲调研，2018年全球62%消费者认为，自己并不知道商家收集了他们多少个人数据以及具体哪些数据。他们觉得，无论商家提供的服务付费或免费，收集的个人数据都必须同样得到保护。他们特别厌恶承诺用个人数据换来更为个性化的体验却无法兑现的那些品牌。而在问题的反面，有69%的消费者愿意为个人数据安全与隐私保护能力最优的品牌，多支付至少20%的价格。

在全球，一些初创企业慧眼识商机，已经通过满足用户对个人数据掌控权的需求，借助区块链技术在数据交易市场占据一席之地。例如，CyberVein开发出一款基于区块链的系统，用户可以在系统中出售自己的数据，继Wibson和Ocean Protocol等企业之后加入数据商机大军。BehaviourExchange则开发了一款双向互利的数字平台，用户可以分享数据以换取代币奖励，B2C企业则可通过数据锁定目标客户。Health Wizz是一款可让患者安

一款名为Light Phone的卡片式手机，定位于人们的第二部手机，满足渴望清净的消费者需求，刷新了极简设计的新纪录。

全地自助汇总、整理和分享个人病历的平台，现已成为新一代利基数据平台市场中的佼佼者。

向这些初创品牌学习，大品牌企业也必须制定双向互利的目标，确保消费者和企业获得最大化长期收益。如果企业在设计阶段尽可能确保透明度，就有望赢得消费者的信任，说服消费者与企业建立互利关系。这种透明度，意味着明示数据所有者和数据使用者分别能够获得的具体价值，并设计出赋予用户更大数据掌控权的产品和服务。

亲密只是表象，信任才是品牌价值内核。如今消费者渴求清净和安全，企业也依然需要以数据发掘洞察、以洞察激发行动，因此只有“正念设计”（Mindful Design）才能纠正对立与失衡，回归以人为本的服务体验，为品牌方找到启示与出路。

他们打开心结，你为品牌增长解锁

在新数字化时代，品牌方企业的头等大事，依然是确保品牌价值在消费者的心智认知和选择决策中发挥主动力。这种动力的源头，并不是对人类注意力和用户流量的亲密占据，而是真实的、流动的客户体验。

产品和服务的差异化，是品牌实力的一部分，但与差异化同等重要的，是品牌与客户利益之间的关联度（relevance）。根据埃森哲研究，只有差异化和关联度同步提升，品牌资产的未来增长才会得到保障。与之相对，作为滞后指标的知名度和美誉度，只能反映品牌资产的当下状况。

这必须建立在善用数据的基础上：正确时刻，正确互动，基于品牌与消费者之间的正确约定。无论客户在线上还是线下体验一个品牌的产品与服务，正念设计关注的，首先都应当是客户的切身利益与福祉，而不是以定价、支付和交易为中心。品牌必须学会用超越预期的客户体验，补偿对方分享让渡的个人数据使用权。

中国虽与欧美成熟市场不同，尚未进入“后数字化”商业时代，用户和消费者对服务体验与数据隐私的宽容度依然较大，而且三四线消费市场的后发动能极为可观。但中国品牌在一、二线国内市场及海外发达市场，沿用流量思维，粗暴扩张数字化业务的空间已经非常狭小。前瞻未来两三年，我们建议中国品牌也要考虑以下建议，为前瞻品牌资产未来价值的客户关联度加分。

- **简化互动方式：**特别关注互动体验本身的客户满意度，而不以强行推销为目的，更不能加重客户认知负担。用同理心倾听客户的心理诉求，尽可能让反馈简单即时传达。好内容固然重要，好的表达方式也必不可少。这都需要设计优先的运营变革。
- **勿扰忠诚客户：**衡量自己的服务是否过度索求了消费者的时间和注意力。通过正念设计，在客户生活与工作中的关键时刻，提供个性化而又有分寸的服务体验。放弃单一的用户参与度指标，寻找新的关键体验指标（KEI）衡量服务品质。关注线上评论，因为某些重要的定性信息，客户可能已经告诉品牌多次了。
- **拥抱“数据减法”：**品牌的数据战略务必遵循最少维系数据模式，仅根据服务需求量进行收集。严格按照业务目标调整数据收集策略。数据收集和分析与服务的量身打造环环相扣。如果使用算法，就要提升透明度，确保客户也能参与算法校准，在数据出错时采取相应行动。
- **呈现丰厚回报：**“一般奖励”已经无法吸引用户让渡数据，所以企业需要向客户证明，分享个人数据获得的回报要多于企业使用用户数据所得的回报，清楚展示这些回报与客户个人利益如何具体关联，并确保客户完全了解并同意背后的真正含义，及时更正不准确的数据。
- **升级人际互动：**在不间断客户旅程的关键节点上，品牌服务要回归人与人互动的本源，以数据支持（而非以数据替代）人的温度。人与智能机器的搭配，将提高客户共享数据的意愿和质量，反过来又可进一步改进算法和规避偏差。

范跃龙
埃森哲大中华区品牌营销高级总监
常驻北京
yuelong.fan@accenture.com

李正霓
Fjord香港区负责人
常驻香港
jennifer.l.fuqua@fjordnet.com

品牌使命驱动竞争力

文 余进、邓聂

提要 获得更好的产品和服务的同时，消费者正期待企业彰显更高尚的社会价值观。打造使命驱动型企业，不仅有助于建立更长期的客户关系，更会直接提升品牌竞争力。

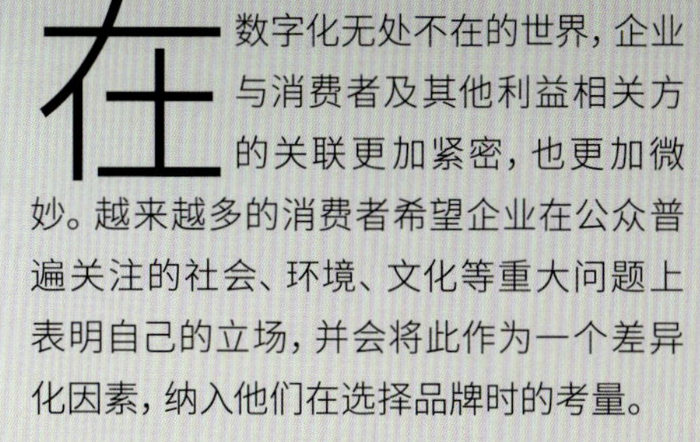

在数字化无处不在的世界，企业与消费者及其他利益相关方的关联更加紧密，也更加微妙。越来越多的消费者希望企业在公众普遍关注的社会、环境、文化等重大问题上表明自己的立场，并会将此作为一个差异化因素，纳入他们在选择品牌时的考量。

企业表明的这种鲜明立场，就是“品牌使命”。当消费者不再只满足于购买生活所需，他们更在乎所购买的品牌代表怎样的生活意义。

消费者追求的“品牌使命”是什么

2018年，埃森哲战略面向35个国家近3万名终端消费者进行调研，旨在确定消费者对品牌预期的演化过程，以及企业应当如何以更加敏捷的竞争力驱动增长。研究发现：超过一半（53%）的消费者表示，如果某个品牌方在社会问题上的言行让其感到失望，他们会对此大加埋怨。与以往不同的是，如今47%的消费者在失望之余会放弃该品牌，其中17%的消费者会选择永远放弃。

如果企业能打造与消费者利益相关联的使命，培育消费者的品牌归属感，就能与消费者建立更为长期、深入的友好关系，可以让消费者对于品牌的态度从“给我提供想要的产品”转变为“支持我们共同的理想”。这一关系以消费者与品牌的相同立场为基础，其作用绝不仅限于促进企业的收入增长。

在这份调研中，超过六成（62%）受访消费者希望企业针对当今最热门的关键问题（例如，可持续性、透明度或平等就业）表明立场；企业的使命与消费者的理念越接近，消费者就越满意，也越有可能成为品牌的拥趸。

由于社交媒体和公共平台的蓬勃发展，消费者可以更快速、更直率、在更广泛的空间内表达主张和观点，买家的话语权空前增强。因而消费者在购买时不仅会考虑产品的品质或价格，还会评估品牌方的一言一行及其所秉持的价值观。

联合利华（Unilever）：

该集团已经认识到，品牌使命能够带来核心差异化竞争力和业务增长驱动力。其旗下的前40大品牌中，近一半的品牌专注于可持续发展。包括家乐（Knorr）、多芬（Dove）和立顿（Lipton）在内的众多"可持续生活"品牌不仅在努力促进整个社会的可持续发展，还促进了联合利华集团的发展：这些品牌的增长速度比集团旗下其他品牌快50%，贡献了集团60%以上的增长额。

中国消费者更注重品牌"三观"

相比参与调研的其他国家，中国消费者对品牌所持的社会立场更为敏感。被问及对品牌和企业的期望时，80%的受访中国消费者表示，购买产品和服务时更愿意选择使命与其个人价值观和信念相一致的企业，79%的中国消费者希望企业在社会、文化、环境等问题上表明立场。两组数字均高于全球平均值17个百分点，与大多数西方发达国家相比，更是高出20%以上（见图一）。

图一　影响消费者购买的品牌使命

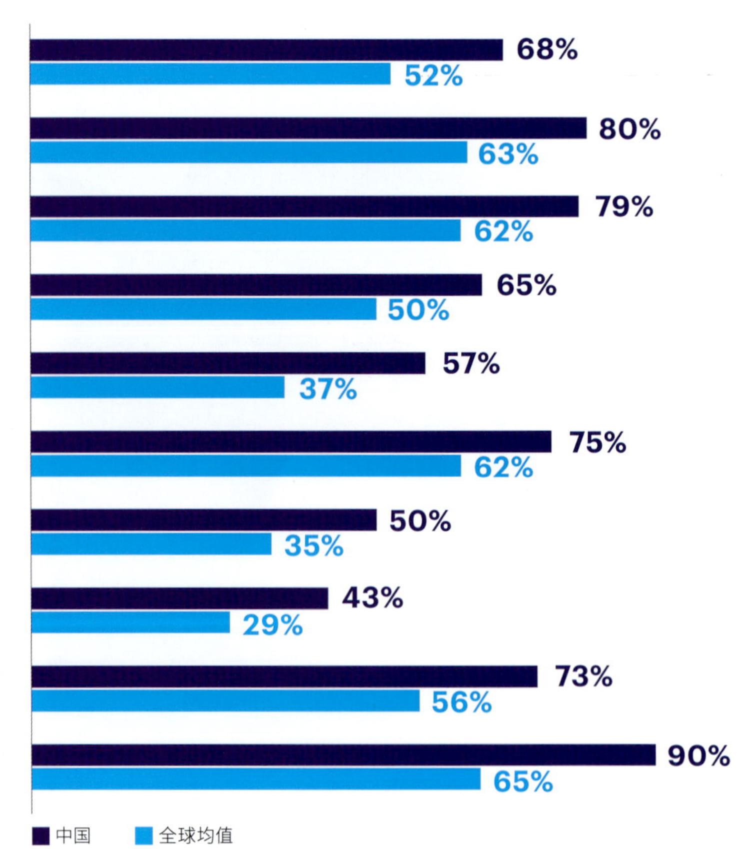

社会、环境问题最受关注

调查显示，尽管处于发展中阶段，但中国消费者对社会和环境问题的关注和意识已处于与全球发达国家接近或相仿的水平：78%的中国消费者表示青睐使用优质原材料的企业，与英美德法（75%~82%）等国家处于同一区间；69%的中国消费者青睐善待员工的企业，与美国持平且高于德国、法国、英国、日本（47%~67%）；而在减少塑料使用和改善环境方面，中国消费者表现出更强烈的意愿，受访赞成率为71%，明显高于日本（33%）、美国（54%）、澳大利亚（57%）、英国（62%）、法国（62%）、德国（64%）、意大利（68%）等发达国家。

对环境问题的重视，不能排除中国作为发展中国家，在雾霾、污水等环保问题上面临着更加艰巨的挑战这一深层原因，但是对于企业来说，如何在这些问题上表明立场，并采取切实行动，从而赢得消费者的好感和信任，是不能回避的现实任务。

宜家（IKEA）：

至简、环保的经营理念深入人心。该集团于2018年公布了2030年可持续发展议题的最新承诺，包括：到2020年，全球范围内的宜家门店内的餐厅停止使用一次性塑料制品；用新的环保方法制作所有宜家产品，在过程中只使用可再生及回收材料；通过与家居产品供应商合作，将每件产品的平均碳足迹减少70%；到2025年实现送货上门过程中零排放，等等。企业积极践行在可持续和环保议题的承诺，品牌的生态友好和社区友好形象深入人心，在中国消费者中收获了良好口碑和商业增长。

透明和信任最为珍贵

中国消费者对企业立场的透明度也有很高要求。75%的中国消费者表示购买产品时会考虑企业的道德观和真诚度，此项指标高出全球平均值13个百分点。还有84%的消费者希望企业提高更多业务层面的透明度，如产品采购流程的透明度、工作条件的透明度，等等，这一数据也比全球平均值高出10个百分点（见图二）。

这凸显了中国市场在巨大商业变革时代的信任稀缺。例如，国内社交媒体曝光的五星级酒店卫生乱象问题，显示酒店在洗消作业中没有认真遵守规程——企业欠缺透明的、可追溯的操作流程管控和人事问责机制，是导致这一信任危机爆发的原因。因此，对于在中国市场耕耘的企业来讲，主动积极地增加企业透明度沟通，赢得并维护中国消费者的信任显得尤为重要。

图二 备受消费者关注的议题

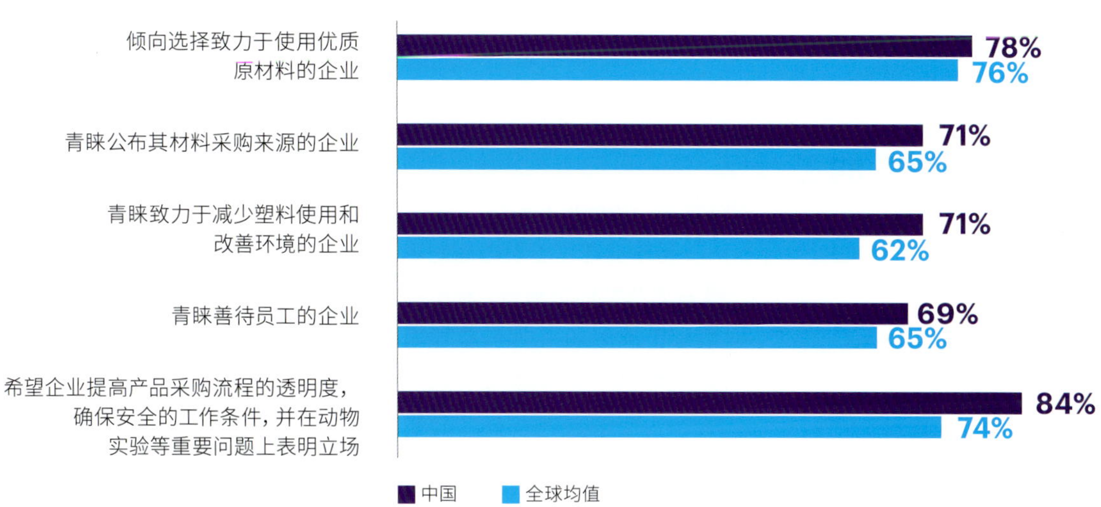

消费者个人的关键一票

得益于商业数字化，中国消费者在影响品牌成败方面拥有了更多投票权。调研数据显示：50%的中国消费者表示会减少购买在道德方面声名败坏企业的产品和服务，比例位列全球第一；75%的中国消费者认为抗议行动（比如抵制）可以改变企业的行事方式，这一比例也远高于发达国家。

与此同时，中国消费者也给予了品牌更大的“宽容”——仅7%的人表示会断然离弃品牌（即无论企业如何补救也绝无挽回余地），这一数值也远低于全球18%的平均值（见图三）。

围绕消费者打造品牌生态系统

极具前瞻思维的企业通常会推动供应商、合作伙伴和消费者之间的协作，打造全新解决方案，以提高企业的敏捷竞争力。埃森哲全球调研显示：有近半数受访企业构建了（或正在构建）品牌生态系统，以应对行业颠覆带来的威胁。

以往，企业领导者、投资者和员工往往是品牌生态系统中至为关键的环节。而今天，消费者的“关键一票”被赋予更多关注。消费者不再只是买家，而是有能力捍卫或摒弃一个品牌，他们比以往更容易影响他人的购买决策，还可以参与到产品或服务的开发过程中，投资信任的品牌，甚至成为品牌的合作伙伴。企业可以充分利用消费者的言行和洞察，从而提升自身的敏捷竞争力。

图三 消费者的个人力量不容忽视

消费者的个人行动

认为其个人抗议行为（例如，抵制企业或在社交媒体上发表相关言论）可以改变企业的行事方式

如果他们由于与企业在社会或政治问题上理念不合而放弃该企业，那么企业无论做什么都无法挽回他们

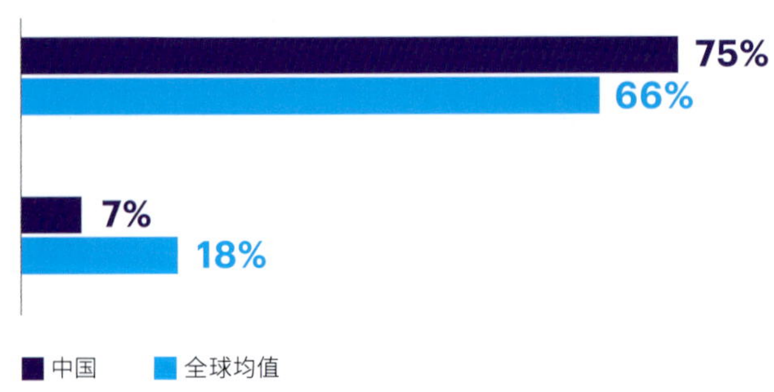

践行“品牌使命”的三大原则

品牌的价值观更有可能打造更强大、更有韧性的消费者关系。同时，有“使命”的品牌也有助于增强消费者对品牌的信心，使品牌应对信任危机（这几乎是不可避免的）的能力更强，从而确保企业利润不受太大影响。

一旦企业在深思熟虑后制定了符合消费者的价值观，就能够根据具体情况适时满足各种消费者需求，并以消费者为核心培育超高关联度，迅速适应纷繁复杂的市场环境，从而永葆发展活力。企业应当学会在品牌使命中融入归属感，这已成为提高企业竞争力的必备要素。

对于有志于顺应并践行“品牌使命”的企业领导者来说，可以参考以下原则。

以人为本

企业需要从宏观视角洞察消费者的期望，听取员工的诉求，

以及理解合作伙伴的价值需要，让消费者、员工和广泛生态系统中的其他利益相关者共同参与，确定企业的共同价值观和可以切实推动改变的领域，合力解决棘手问题：我们有哪些品牌承诺？我们的员工和消费者希望我们在哪些领域表明立场？我们如何才能让消费者、员工和供应商的生活更美好？这样做有什么价值？存在哪些风险？这些问题的落脚点，往往就在本土市场。

言出必行

企业要与消费者建立情感联系，透明沟通是关键。近三分之二（64%）的消费者认为积极宣扬使命的品牌更具吸引力。但消费者并不会轻易被空口白话的企业所诱惑，而会倾向于管理严格、坦诚直率的企业。从高管到一线员工，企业的所有部门均需要恪守这些品质。研究表明，65%的消费者在购买品牌、产品或服务时会受到普通公司员工（而不仅仅是CEO或代言人）的言行、价值观和信念的影响。为了营造品牌归属感，领导者必须保证员工明确了解企业的品牌定位，并确保品牌定位与企业文化完全一致。

而在企业发生危机时，及时道歉、真诚沟通显得尤为重要。如果企业公开道歉，42%的消费者会选择给企业第二次机会。

开放创新

消费者已成为品牌生态系统的关键参与者，最明显的表现就是参与产品和体验的共同开发过程。例如，积木制造商乐高（LEGO）推出了一个在线社区，鼓励会员提交新的产品创意。物流巨头DHL也举办了合作创新研讨会，在消费者的帮助下重塑供应链解决方案。

如今，消费者对于品牌成功与否起着决定性作用，因此，是时候重新打造消费者参与模式了。企业应花费更多精力与生态系统中的全新合作伙伴打好关系，以提升敏捷竞争力。也许消费者可以控制或影响部分渠道，充当企业的销售合作伙伴？或者参与众筹计划，为创新项目融资？甚至投资推动企业增长，以换取更多福利？邀请消费者更多地参与品牌建设可谓百利而无一害。消费者几乎能够扮演任何角色，从而提供海量价值。

总而言之，企业不应只把眼光放在狭隘的销售问题上，应当彻底摒弃“客户即买家”的陈旧观念，与消费者的价值观保持一致并果断采取相应行动。这样才有机会重塑消费者关系，与消费者建立更深入的联系。企业还应专注于创建利益相关者社区，聚拢所有忠诚度高、乐于参与和极具价值的品牌利益相关者，推动所有人共同努力，开创“全民参与、良性竞争”的新时代。

余进
埃森哲战略大中华区总裁
常驻北京
yu.jin@accenture.com

邓聂
埃森哲战略大中华区董事总经理
消费品和零售行业主管
常驻上海
michael.nie.deng@accenture.com

“企业机器人”怎样成为创新利器

文 尼古拉斯·阿奇欧纳（Nicholas Akiona）、卡尔·杜卡茨（Carl Dukatz）、亚历克斯·卡斯（Alex Kass）

提要 机器人技术在企业里能发挥出巨大潜能。领军企业应当多管齐下，制定从试验性到规模化的“企业机器人”综合发展策略。

机器人自动化的下一阶段已悄然来临。在过去的二十年里，实体机器人技术已经不再局限于生产制造领域，而是逐渐进入日常应用场景，如今在物流、医疗、零售等行业，机器人应用已经不再新奇（见图一）。这预示着颠覆性变革即将到来，机器人技术的普及将激发创新、削减成本，企业可以将其作为可行的创新解决方案，利用人机互补提高生产力。

虽然实体机器人技术仍需克服不少技术难题才能在企业环境中发挥影响力，但曙光已现，机遇就在眼前，企业必须立即行动起来，了解机器人技术在企业中的广泛应用潜力，并制定全面策略，把机器人从工具变成灵活的搭档。

图一 机器人的种类

工业机械臂——工业机械臂是应用最久、最为普及的一类工业机器人。在汽车工业的推动下，它们彻底改变了制造业，在完成重复性任务方面极为高效，能完全满足这类任务对精度和可重复性的严苛要求。

协作机器人——一般简称为“cobot”，是一种能与人类进行近距离安全协作的机器人。它们可能会通过机械臂进行操作，可以在僵化的工厂环境之外实现自动化并提供直观的操作方法。

移动/轮式无人驾驶机器人——移动机器人一般运用车轮组结构在作业环境中灵活移动。轮式机器人利用不同的控制策略在作业环境中导航，可用于医院、工厂和仓库的货物运输、太空勘探，以及管道和基础设施检查。有些移动机器人还配有专门的机械装置，能操纵其所处环境中的物品。

自动驾驶汽车——自动驾驶汽车是轮式机器人的一个细分方向，旨在彻底改变传统的交通运输方式。通过发展自动驾驶汽车，传感、导航和图像识别等技术均取得了一系列重大进展，而且这些技术可应用到其他类型的机器人上。

人形机器人/腿式机器人——腿式机器人可利用两足或四足在崎岖不平的地面和有障碍物的环境中移动。目前，企业部署这项技术的成本相对高昂，不过能够奔跑或攀爬的腿式机器人也能解锁大量新的机器人应用场景，例如上下楼梯和攀爬梯子。

无人机/无人驾驶飞行器——无人机是支持远程控制、半自动或全自动控制的无人驾驶飞行器。它们广泛用于侦查和信息收集任务，还有一些无人机专门用于运输物资。

水下自主航行器——水下自主航行器可以进行水下作业，承担检查、维修和勘探的工作。这些设备虽然昂贵，但可以在不适合人类作业的极限海洋环境中活动。

社交机器人——社交机器人可以根据社交行为和规范，与人或其他机器人互动交流。这些机器人可带来更为自然的用户交互体验。

外骨骼机器人——外骨骼机器人的耐力、韧性或力量更强，比人类的体能更好。它们可以在军事、仓库和施工环境中用于重复移动重物，也可以用于病人的康复训练。

行业场景核心是人机协作

在感知、规划和导航等技术的推动下，先进的机器人有可能对行业流程产生颠覆性影响（见图二）。短期内，尽早采用机器人技术并进行创新，可以使企业在竞争中获得明显优势。例如，德意志银行在2016年时估计，亚马逊若将其已有的Kiva机器人系统部署到当时110个尚无机器人的配送中心，公司将能够节省8亿美元。

事实上，未来五到十年内，制造业、供应链、医疗、能源和农业领域的全球1,000强公司中，预计有60%以上的公司会增设某种形式的首席机器人官（CRO）职位，以制定全面的机器人系统战略。

图二 各行业的机器人自动化情景

行业部门	未来机器人应用举例	人机协作
移动制造	除了固定的机器人生产线，移动机器人还可以实施现场装配，协助建造大型的静态物体，如造船、建房、筑路、架桥等	改进建筑施工，专注更高技能的操作，监督基础设施的持续完善
小批量/定制生产	增材制造和柔性制造技术创造出质量更高的新型分布式制造模式（例如，体育用品零售商可在门店打印定制球鞋；使用工业3D打印机定制汽车零部件）	直接与客户一起设计和开发新产品，加快技术人员的维修速度
农业自动化	通过改进操作器，移动机器人可以采摘大部分的水果和蔬菜；机器人能够完成需要一定灵巧性的手工处理操作（如剥生蚝、切肉）	重新定义农业生产活动，提高产量和可持续性，解决全球饥饿问题
医疗工具	提供护理支持来帮助伤残人士和老年人提高自理能力（例如，社交机器人监测个体情况，外骨骼机器人提供轮椅，自动驾驶汽车让人更独立）	提供个性化服务和爱心关怀
能源电力	移动机器人通过检查和维修管道、输电线路及老化的基础设施，监控和减缓资产贬值。操控无人潜水器（ROV）等机器将变得越来越自主化	通过预先性维护和维修，提高基础设施的安全性，保障居民安全。从操作人员转型为信息管理人员
零售	移动机器人在门店内导航巡店，进行产品陈列合规检查，以提升产品宣传效果、销售业绩和消费者满意度。后台机器人处理客户订单，自动驾驶汽车送货上门	把员工从这些工作中解放出来，方便其将精力放在提供个性化顾客服务、交叉销售和追加销售上

机器人技术的“五力模型”

机器人系统高度复杂，企业在制定机器人系统战略过程中，需要将机器人技术的方方面面分成模块进行追踪，从整体角度高效设计和整合机器人系统。埃森哲技术研究院在研究具体的机器人应用领域时，梳理了埃森哲机器人能力模型（见图三）。以下从基础到进阶的五大能力，是企业制定全面的机器人系统战略的必要条件：

硬件，是机器人系统的基石，既能限制也能支持机器人的整体表现。重要的是，必须确保硬件与既定任务相匹配，且能够恰当地与环境互动，实现解决方案的效率和成本效率的最大化（例如，能抓取50磅箱子的工业强力手爪与能移动16盎司瓶子的仿生人形手爪）。

联网（WiFi覆盖、带宽等），是机器人系统的关键要素。面对不同的企业环境，需要考虑到特殊因素（例如，机器人在电梯里可能会停机）。机器人系统利用网络将机器人和边缘设备整合到总体企业系统中，通过将计算、数据和系统编配转移到云端或基于服务器的资源中，提高自身性能。

互动、感知和控制，是机器人系统的三个核心能力，指机器人如何与人和其他机器人互动，感知周围环境，并由规划和驱动方法控制。如果这三个核心能力可以对接其他所有的相关组成部分和知识，就有可能创造出可靠、可重复利用的软件实例，这些实例更容易转接到企业的其他机器人硬件解决方案中。

数据管理、学习与适应，对互动、感知和控制能力作用重大，能促使机器人系统实现智能化运行，并不断适应。数据管理包括数据编配、采集、储存等服务。通过采用一个共用数据层，学习算法可以改善和优化机器人的行为。

语境与语义，是改善和提取机器人在三个核心能力方面行为的其他方法。语境包括机器人对各种任务的运行意识，以及为其决定如何行动提供参考信息的数据流；理想情况下，语境采用同时适用于互动、感知和控制的通用交流编程方法。语义为这种共享知识提供结构。

除此之外，企业若想成功应用机器人，以下三种支持环境也至关重要，它们关乎系统的所有组成部分，是机器人技术战略的“护城墙”。

特定领域知识：即使机器人可以利用深度神经网络技术进行监控或自由学习，但即时可用的“机器人直觉”仍未完全实现。因此，必须将行业实践、专有知识和员工经验应用于机器人解决方案的方方面面，这一点非常重要。

安保、安全和政策：在工厂或工业情境，这些组成部分基本已经到位。然而，随着机器人开始进入非结构化环境，直接与人互动，企业将必须尤其注重在业务和客户环境中确立这些要素。企业有必要确保企业资产和数据安全无虞，从而保护员工和公众的安全，并根据机器人伦理和数据伦理制定政策。

治理：随着人机团队诞生，机器人、操作人员、支持人员都拥有了新的角色和职责。应用新技术，尤其是大规模应用时，必须考虑人和流程的治理问题。

从试验到成熟的发展路径

为了帮助企业了解机器人应用过程，埃森哲技术研究院创建了“机器人成熟度模型”（见图四），在其中展示了一家公司从试验性应用机器人到全面运作机器人系统的图谱。该模型分为四个阶段（专业化、战略化、规模化、最优化）和五个维度（基础设施、实施、系统操作、人机协作、文化），企业可借此确定其现今所处的位置。企业必须在每个点上作出改进，稳扎稳打，一步步攀登到下一阶段。

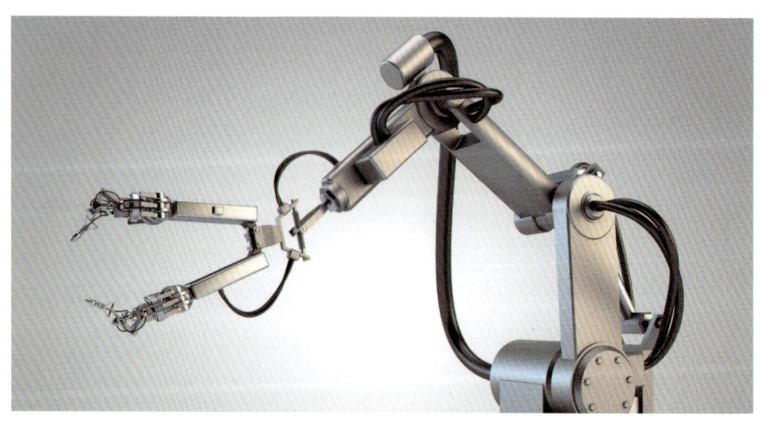

图三 机器人能力模型

安保、安全和政策

领域知识

语境与语义

数据管理、学习与适应

互动	感知	控制
信任 可解释 可预测 安全（感知结果） 可靠	**环境** 自由空间 物体/结构 障碍	**规划** 一步 多步 异常处理
交流 言语/非言语 本地/远程 结构化/非结构化	**行动者/中介** 人 活动/自然流程 其他机器人	**执行** 导航 操控 驱动
输入/控制 指令 程序 教导 合作	**机器人状态** 本地化 距离/联系 错误检测	**自主权** 完全 部分 人机回圈
社交技能 开会 发信号 情境响应	**解读** 属性 连续与追踪 情况	**参数** 目标 优化 限制 风险

联网

硬件
实体机器人 + 基础设施

治理

图四 企业机器人成熟度模型

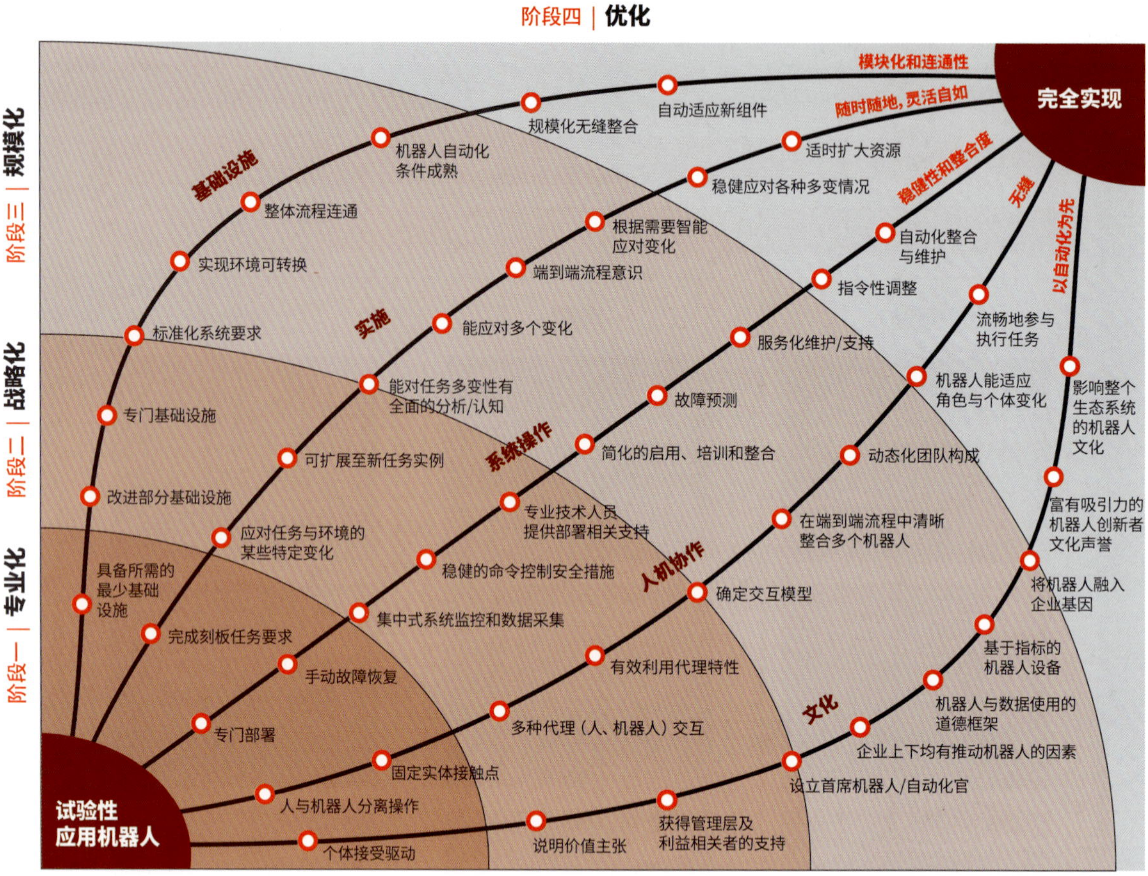

阶段四 | 优化
阶段三 | 规模化
阶段二 | 战略化
阶段一 | 专业化
试验性应用机器人
完全实现
基础设施
实施
系统操作
人机协作
文化
模块化和连通性
随时随地，灵活自如
稳健性和整合度
无缝
以自动化为先
具备所需的最少基础设施
改进部分基础设施
专门基础设施
标准化系统要求
实现环境可转换
整体流程连通
机器人自动化条件成熟
规模化无缝整合
自动适应新组件
个体接受驱动
说明价值主张
获得管理层及利益相关者的支持
设立首席机器人/自动化官
企业上下均有推动机器人的因素
机器人与数据使用的道德框架
基于指标的机器人设备
将机器人融入企业基因
富有吸引力的机器人创新者文化声誉
影响整个生态系统的机器人文化
人与机器人分离操作
固定实体接触点
多种代理（人、机器人）交互
有效利用代理特性
确定交互模型
在端到端流程中清晰整合多个机器人
动态化团队构成
机器人能适应角色与个体变化
流畅地参与执行任务
专门部署
手动故障恢复
集中式系统监控和数据采集
稳健的命令控制安全措施
专业技术人员提供部署相关支持
简化的启用、培训和整合
故障预测
服务化维护/支持
指令性调整
自动化整合与维护
完成刻板任务要求
应对任务与环境的某些特定变化
可扩展至新任务实例
能对任务多变性有全面的分析/认知
能应对多个变化
端到端流程意识
根据需要智能应对变化
稳健应对各种多变情况
适时扩大资源

四个阶段

阶段1 | 专业化

开始在生产中部署机器人，使用一个或几个机器人（与人分离）执行少量刻板任务。

阶段2 | 战略化

企业内部已经了解如何利用机器人，并完成多个实际部署（如石油与天然气公司制定标准，大范围使用水下自主航行器来勘探能源和检查海底管道）。

阶段3 | 规模化

在评估业务流程时将机器人基础设施和整合放在首位（如零售或物流公司在多数仓库中使用机器人捡货和打包；汽车公司使用机器人装配线进行大规模制造）。

阶段4 | 最优化

在一切可行的运营中广泛使用机器人，拥有持续利用先进机器人技术的规划。

五个维度

1 | 基础设施

周围的基础设施能让机器人系统通过有意义的任务信息和任务结构高效工作。

2 | 实施

机器人能处理越来越多复杂多变的任务。通过了解任务的多变性，公司能够打造在多种部署中稳健运行的灵活的机器人系统。

3 | 系统操作

大规模部署精密的机器人系统需要可重复的环境、系统整合、用户培训、操作与维护。

4 | 人机协作

在企业内部，机器人是团队的一员，能提升员工的表现。通过优化人与机器人之间的权衡和交互，可以提升流程的总体绩效。

5 | 文化

利益相关者的支持和机器人策略在企业的各个层面都很重要。企业文化会直接影响机器人系统的利用和性能。事实证明，鼓励使用机器人可以改善绩效指标。

企业应参与制订人机协作标准

人机协作势在必行。企业若要升级工作流程和环境以纳入机器人系统，需要思考机器人可担任的角色，比如应该如何重构工作流程？在一个人与机器人协作的团队中，应该如何分配、协调和共享工作？

针对“怎样更好地在整个机构中部署机器人”这个问题，埃森哲技术研究院的“企业机器人成熟度模型”为企业概括了几个可供参考的主要决策点。以人机协作为例，在战略化阶段，企业会为人和机器人建立角色和交互模式，然后通过引入动态人机团队向规模化阶段推进。如果企业能有策略地分阶段推进，“人+机器”团队就能充分发挥人的智慧、敏捷性和灵活性，同时还能拥有机器人系统的自主性、一致性和可靠性。

此外，企业必须积极解决潜在的安全、安保和隐私问题，克服机器人大规模应用的障碍。一些政府已建立了相关监管框架，例如，欧盟出台了《机器人法》（RoboLaw），在保障工人安全的同时，让企业能够利用机器人提高生产力。哈佛法学院等机构也组织了各种论坛，探讨新兴的机器人和自动化技术带来的影响。由于监管可能会落后于迅速发展的机器人技术，领先企业应考虑参与到机器人标准的制定中，并与政府和政策制定者一起制定相关法律法规。

自动驾驶汽车：一个关键的路标

如今，汽车机器人技术已经以自动驾驶汽车的形式，远远驶离制造厂。这些原型车展示了机器人在非结构化和人类环境中运行的能力。为了将这些汽车推向市场，汽车行业和多个政府机构正在制定必要的监管政策和安全指标，确保高度自主的机器不会危及人类安全。这些法规的颁布，将为监管商业和消费领域应用的其他形式的机器人系统开创先例，并在整个行业内引起连锁效应。

开启企业机器人应用之旅

企业可以在机器人能力模型和机器人成熟度模型的指导下，按照以下步骤应用机器人系统：

(1) **识别**手动操作的工具和机器，可将这些作为机器人自动化的入手点；

(2) **评估**业务流程，找出重复性任务或简单任务。确定每项任务是否容易实现机器人自动化或其他形式的自动化；

(3) **制定**逐步将机器人引入工作环境的战略，应该涵盖基础设施、应用、人机协作、系统运行、文化等五个维度；

(4) **打造**设计和整合机器人系统各组成部分的路线图，应以业务需求为基础；

(5) **考虑**在公司内部建设必要的机器人能力，评估具体的机器人供应商，或依靠在机器人战略制定和应用方面经验丰富的第三方提供商。

随着越来越多的企业开始应用机器人，机器人的构成因素和周边硬件未来将日益增多，企业的接受度也将越来越高。各个领域都呈现出这种发展趋势，这将不断拓宽自动化的界限，为胆识过人的创新人士提供前所未有的生产力优化和增长机会，助力他们塑造自己的未来。

在埃森哲深圳全球创新研发中心设有“智能时代的人机协作”互动演示，应用机器人团队协助人类员工进行超过500种的电表、气表等硬件设备的全天候测试。该应用综合了机器人自动化、运营开发（DevOps）、边缘分析、机器学习和人机互动界面等技术，采集、分析和解读测试数据，提升整体效率。欢迎联系埃森哲深圳技术研究院总监阮大卫博士（david.t.nguyen@accenture.com）进行访问参观。

尼古拉斯·阿奇欧纳
埃森哲技术研究院专家
常驻旧金山
nicholas.akiona@accenture.com

卡尔·杜卡茨
埃森哲数字技术首席总监
常驻底特律
carl.m.dukatz@accenture.com

亚历克斯·卡斯
埃森哲技术研究院专家
常驻旧金山
alex.kass@accenture.com

体验数字孪生，让产品变“活”

文 盛浩、张文辉

提要 客户对产品定制化和智能化的需求，正从2C扩展到2B。未来工业企业每交付一个重要的物理实体产品，同时也会标配一个数字孪生。

随着定制化、智能互联、产品即服务等新的产品和服务模式越来越普及，客户也变得越来越挑剔，他们对产品体验的期待被抬升到前所未有的高度。因而，企业需要提供更为个性化的客户体验，并能根据客户需求的变化持续地调整和优化产品，始终与客户保持密切的关联度，我们称这样的产品为“生力产品 (Living Product)”。但要实现这个目标，企业需要克服重重障碍：

- 要打造客户为导向的新体验，企业需要更加敏锐地捕捉到客户需求的变化，并有能力快速地应对变化。例如，产品迭代加速，生命周期缩短。
- 个性化的产品会让产品复杂性上升，需求波动的不确定性更大，对产品的设计、供应链、制造都提出更高的要求。
- 企业需要开展更加密切的内部协作以及更开放的外部协作。

数字孪生(Digital Twin)正是帮助企业克服这些挑战的有力工具。通过建立物理产品的数字映射，并基于产品使用过程中产生的数据形成闭环反馈和优化，“数字孪生”能全面提升产品的全生命周期管理，打通研发、供应链、制造、营销等不同职能部门和数据孤岛，乃至企业的生态系统，驱动高效、互联、以客户为中心的运营模式，提升产品体验，降本增效，推动增长（见图一）。

未来的“生力产品”，将分为两部分，一个是实体，另一个是实体的数字孪生体。数字孪生正是产品生生不息的关键。

图一 产品管理的进化

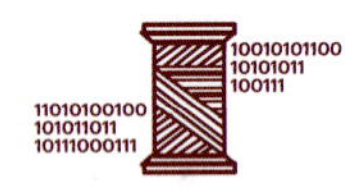

数字孪生不是传统仿真

数字孪生是指物理产品在虚拟空间中的数字模型，包含了从产品构思到产品退市全生命周期的产品信息。这个“双胞胎”不仅与物理实体形似（包含产品规格、几何模型、材料性能、仿真数据等信息），能模拟产品实际运行，而且还能通过安装在产品上的传感器反馈回来的数据，反映产品运行状况，乃至改变产品状态，所以它将“表现”得与真实产品一模一样。

例如，当航空公司接收飞机时，每一架飞机都可以伴随着它自身对应的数字孪生，并把飞机的真实飞行参数、表面气流的分布等数据通过传感器反馈输入到模型中；通过分析这些数据，可以预测潜在的故障和隐患，降低发生飞行事故的概率。

相比于传统的产品生命周期管理和仿真技术，数字孪生有这些新的特点。

双向：物理产品和数字孪生之间虚实交融，实现双向的闭环信息反馈。数字孪生能收集物理产品的运行数据，乃至能对物理产品实施控制，改变产品的状态。基于这些数据，企业可以围绕客户的需求来改变产品的设计、供应链、市场营销、售后服务等方方面面。

持续：数字孪生和物理产品之间的互动是不间断的，贯穿产品的全生命周期，能持续地推动产品的优化，改善客户体验。

开放：通过数字孪生收集到的海量数据，单靠企业自身的力量来分析和挖掘其中的价值是不够的，企业需要将数据对第三方开放，借助外部合作伙伴（包括中小初创企业）的力量充分挖掘数字孪生的价值。

数字孪生让企业能基于数据，在合适的时间和合适的场景，做出合适的决定，为客户提供更好的产品和服务，推动企业核心流程及客户体验的颠覆性升级。

根据2017年埃森哲针对150家全球领先企业高管的调研，数字孪生已被绝大多数企业纳入中长期战略：

- **90%**的公司正在为其现有的或新的产品与服务，评估应用数字孪生的可行性
- 大多数公司高管认为，数字孪生先行者将实现**30%**的收入增长
- 预测未来**5年**内，数字孪生的技术应用将会**翻倍**

数据赋能数字孪生

当我们谈论数字孪生时，就不得不提到数字主线。数字主线是贯穿于公司各个职能部门和产品生命周期的信息流，涵盖产品构思、设计、供应链、制造、售后服务等各个环节，乃至包括外部的供应商、合作伙伴和客户产生的数据，使其能对产品及其运行提供全景的动态信息，赋能数字孪生的开发和更新。

在近年来数字化的浪潮下，绝大多数企业的信息化都已经达到一定水平，但大多系统架构复杂，产品生命周期数据被分散在多个系统中。根据埃森哲调研，近3/4的高科技企业感到被过于大量的数据淹没，不知从何着手梳理数据并从中挖掘出价值。

而数字主线可端到端地在流程与系统间穿针引线，助力在企业和其生态系统中构建一个互联的产品信息网络，打破企业内部藩篱，加强与外部供应商的协作，整合产品全生命周期的数据资源，为数字孪生的应用创造条件。

数字孪生必须要有数字主线向其输送数据这一“血液”，这样数字孪生才是“具有活力的双胞胎”——始终保持实时性或准实时性。例如，根据某手机产品设计时的数据创建了该模型的数字孪生，却在后续的生产、物流、销售、维保等环节未能及时反哺数据，则这个数字孪生是死的，与传统的CAD与仿真没有实质区别。

更新、更快、更优的“活”产品

数字孪生能有效提升产品生命周期管理的经济性和有效性，为客户带来更佳的体验（见图二）。

图二 数字孪生优化产品生命周期管理

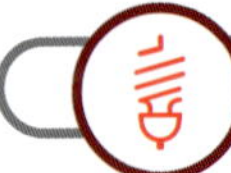

更新：推动产品和商业创新

- 智能产品创意
- 产品概念精炼
- 基于数据的产品策略
- 生成式设计（Generative Design）
- 沉浸式产品审核
- 按效果收费
- 授权/许可服务
- 基于产品数据的服务

更快：快速响应客户需求

- 快速的产品模拟和迭代
- 更快的供应商整合
- 制造过程的虚拟验证
- 互联员工

更好：优化销售和售后服务体验

- 多媒体营销内容
- 增强或虚拟现实客户体验
- 最优销售配置和建议
- 实时订单跟踪
- 售前到售后服务无缝过渡
- 远程诊断/健康管理
- 智能维护
- 自助服务

推动产品和商业创新。数字孪生可以成为一个创新的测试沙盒，让很多原来由于物理条件限制、必须依赖于真实的物理实体而无法完成的操作，如模拟仿真、批量复制、虚拟装配等，成为触手可及的工具，激发人们去尝试新的产品创意。企业可以将数字孪生结合人工智能技术产生更好的产品创意，并根据产品原型的测试数据和客户反馈，及时调整产品的功能目标，完善产品概念。设计工程师随后可通过数字孪生进行设计迭代和优化，最终实现产品目标。通过数字孪生，还可以做到沉浸式设计审核，通过提供协作式虚拟和增强型现实体验，使得产品相关方能够详细审核概念/设计，缩短审查周期，降低审核成本，减少审核频率。

此外，通过数字孪生还可创造新的商业模式，如按产品运营效果付费，或是提供软件类/授权类服务，咨询服务，物联网金融与保险服务等，对那些希望向平台模式发展的企业来说，数字孪生是帮助其实现梦想的有力推手。

快速响应客户需求。数字孪生技术可以提高研发、制造和供应链的适应性和灵活性。在生产出物理产品之前，建立产品的虚拟原型，对产品和制造过程进行仿真测试和验证，更重要的是能收集到产品在客户端运行时的数据，并及时根据客户的需求对产品做出调整，在虚拟原型上快速验证。此外，还可以模拟测试产品的可制造性，并在购买昂贵的生产设备前对制造布局/工艺设计进行优化。员工可以通过数字孪生随时随地访问产品最新相关数据，及时获得操作反馈，从而提升效率。

中国领先的造船企业江南造船厂基于"单一数字模型"核心理念，用三维体验平台进行数字化设计和VR建造模拟，提前进行空间可达性、设备可操作性和可维护性评估，从源头上提升设计质量，增强用户体验，并通过智能生产终端以三维模型直接指导生产建造与管理。其设计的改单量约为同类型船舶的40%，工程进度也显著提升，原计划3个月的搭载周期仅花了31天。

提升产品购买和售后服务体验。数字孪生可提供沉浸式和差异化的购买体验来推动与客户的互动。营销内容将根据最新的工程数据自动生成，并且可适用于多种媒介（网络、视频等），并能根据客户选择的配置动态生成VR/AR体验，让客户能体验产品及其与环境的互动方式。例如，埃森哲旗下Mackevision团队基于Real-time技术制作的交互式应用，使得汽车用户可通过触摸屏幕定制化选择汽车外观与内饰、360°旋转汽车，将工程数据高效转换为真正沉浸式的产品体验和虚拟应用，为消费者带来全新的汽车体验。

销售人员可以实时查看最新的产品型号，并根据产品生产的实时状况（比如因某个零件供应问题导致产品交货推迟），为客户配置最优订单。有了数字孪生后，企业还可开展健康管理、远程诊断、智能维护等售后服务。例如，企业能及时对产品的功能实施远程更新，升级和修复；并通过对产品运行数据的分析，提供预防性维护等增值服务；基于人工智能的服务人员可以提升服务应答速度，减少服务呼叫频率，提供更好的服务；用户也可通过账户自主调度服务，获取设备参数和备件实时库存。

如何拥有数字孪生？

作为一门新兴的技术，数字孪生获得了业界众多的关注。但要成功实施数字孪生是一个渐进的过程。这个过程大致分为下面四个阶段，实际发展的过程也并不一定完全是线性的，可能这几个阶段都同时涉足，需要在实践中不断摸索（见图三）。

阶段一：探索未来业务愿景，开展试点。

阶段二：稳步推进，侧重于建立基础，提升内部效率，及有选择地实现某些战略性目标。

阶段三：采用新技术来规模化地推进数字孪生的应用，在苦练内功的同时，让外部合作伙伴及客户也参与进来。

阶段四：和生态圈的合作伙伴一起，运用数字孪生来实现成果导向，打造新的商业模式。

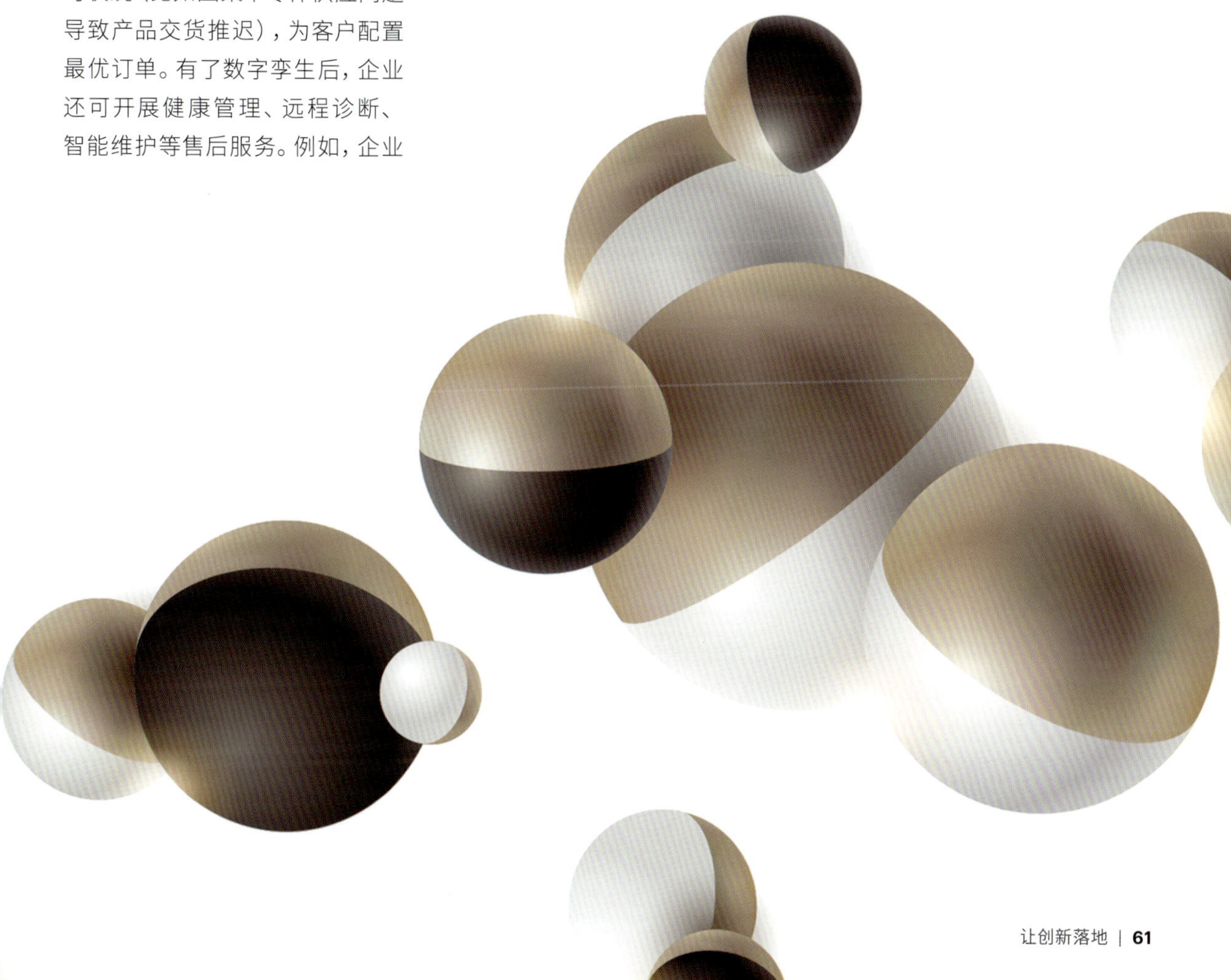

图三 数字孪生的进化

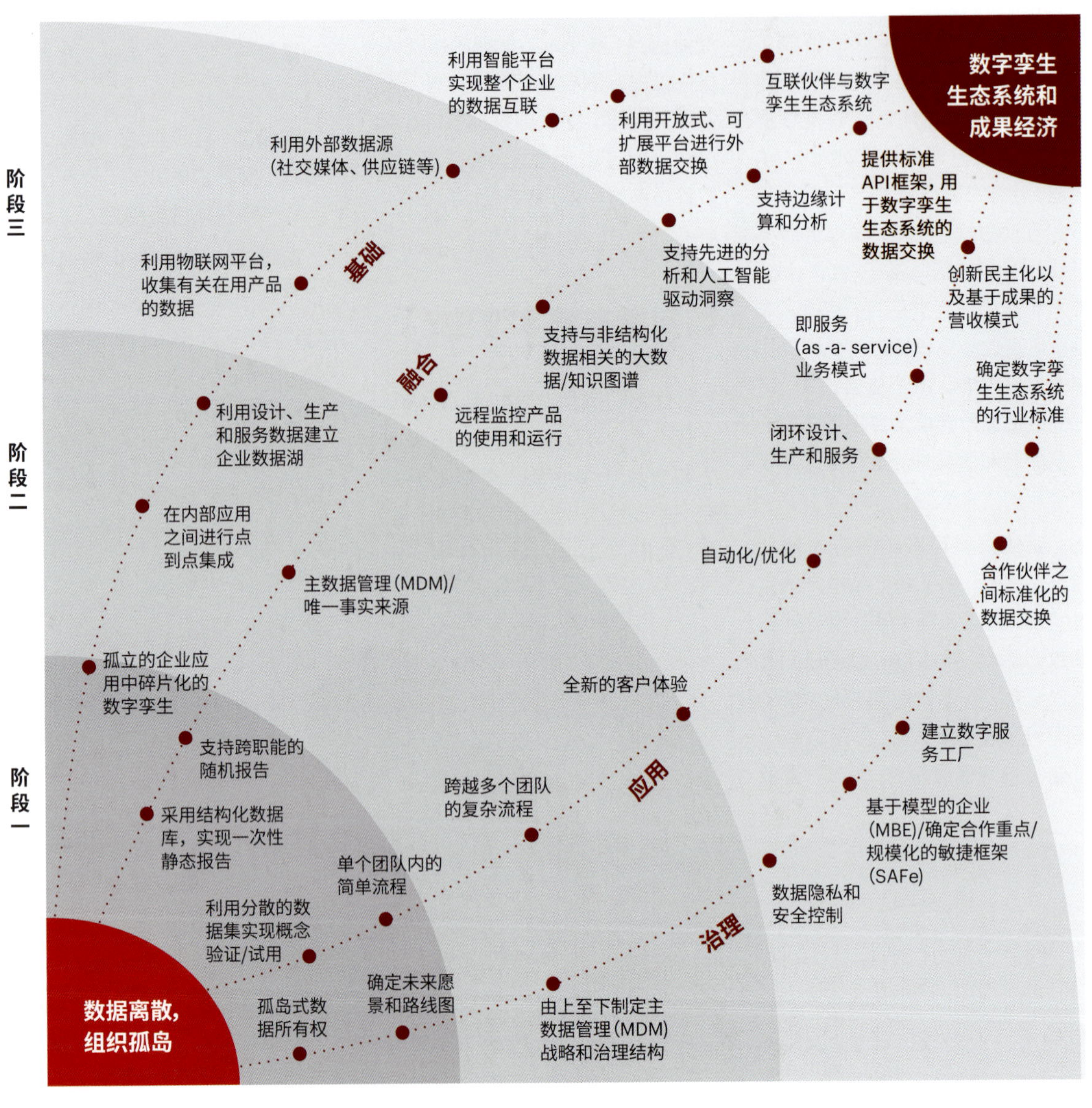

在这个过程中，我们认为以下四大要务是关乎数字孪生成功的关键：

做好能力规划，投资有的放矢。数字孪生的实施需要相当大的投资，并非适用于所有企业，需首先识别真正能够带来商业效果的能力点进行发展，逐步实施，确保投资回报率。

企业需要明确产品全生命周期各个方面能力的成熟度，运用设计思维（Design Thinking），定义战略性的产品生命周期管理愿景，识别出为实现此愿景需要具备的能力点。再与现状对比，即可清晰的规划出应该构建的能力及相应的优先级。

不能忽视的是，需衡量实施数字孪生能否带来可观的回报。根据埃森哲经验，从现有业务痛点、高价值产品入手，能实现最大价值。

例如，飞机发动机，数字孪生必能带来潜在价值。企业进行规划时，需要对投资回报进行量化，以价值为导向进行决策。

构建数据平台，夯实基础设施。构建数字孪生，首要任务就是需要开辟各系统间的数据通道，对现在的、历史的、分散的业务数据进行钻取和整合，建立综合性的数据管理平台。

为了整合数据，企业可以考虑设立首席数据官或者数据委员会。这个职位或委员会应该独立于IT部门和业务部门，负责整个企业的数据治理、数据格式和数据标准，与企业的各个部门以及外部的合作伙伴协调如何获得这些数据。

此外，企业需要根据数据能力的诊断结果，结合公司整体数字化转型升级战略，全景思考各个能力/系统/流程的紧迫性、协同性、制约性、短期回报等方面，来逐步完善数字化基础，实现端到端的流程、数据、系统的顺畅连接。

消除内部壁垒，建立外部生态。要成功部署数字孪生，首先要打破部门之间的壁垒，消除组织孤岛和信息孤岛。创建数字孪生需要建立贯穿企业价值链的多条数字主线，其前提是要去除各环节间的藩篱，形成跨部门的组织架构和流程，来确保数字主线之间畅通的数据传输。

再者，数字孪生的实施还需要各部门之间的密切协同，如通过分析数字主线传来的数据，发现某特殊设计对产品性能和客户体验影响不大，但是采购上复杂度或是成本高，会影响定价和产品的可靠性，这时研发部门就可与供应链部门一起平衡设计的独特性与供应链成本效率之间的矛盾；此外，IT和OT的融合至关重要，IT部门不只是作为中后台提供支持，还需要融入第一线，与业务部门携手，挖掘数据价值，进行分析和模拟，提供用于优化产品的依据。

要实现跨部门协作，首先需要高层领导的全面支持。此外，需要构建跨部门团队，和明确统一的、各职能部门都认可的标准及目标，带动各个部门执行。企业还需要和包括中小企业在内的生态伙伴有更密切的合作，并将工业物联网、人工智能、大数据、VR/AR等技术很好地融合进来，才能满足不同的应用场景。

为人机协作提供安全保障。由于数字孪生能对物理产品实施控制，改变产品的状态，这可能会产生安全风险。如自动驾驶汽车和飞机，如果数字孪生做出错误的判断并执行控制，又没有完备的人为干预机制，可能会危及人身安全。所以，使得数字孪生包括产品实时的完整信息，建立有效、安全并且可靠的数字映射，比建立数字孪生本身更为重要。在这个过程中，企业必须注重构建数字孪生的安全防范手段，同时，亦不可忽视人为干预机制。人机协作才是最佳模式。

埃森哲所著的《机器与人》一书中，提到人机协作应该有个“维系者”的角色，这个维系者能确保数据质量，标记误差和机器的错误判断，用批判性思维看待人工智能，在人工智能系统做出不恰当行为时进行适当干预，等等，以确保人工智能系统有益无害。所以，在数字孪生的应用中，也可以设置类似的角色，确保数字孪生的安全运行。

数字化企业的本质就是数据驱动的企业，而数字孪生正是实现数据驱动的关键推手，在企业数字化转型历程中发挥着关键作用。虽然数字孪生仍然处于应用的早期，其发展和物联网、人工智能、扩展现实（XR）等技术的成熟和普及也息息相关，但随着这些新兴技术的发展和融合，数字孪生会在越来越多的产品上得到应用。我们相信，未来供应商在交付一个产品的同时，数字孪生将成为标配。

盛浩
埃森哲资深市场经理
常驻上海
denis.hao.sheng@accenture.com

张文辉
埃森哲数字服务咨询总监
常驻法兰克福
wenhui.zhang@accenture.com

研究指导：

潘峥
埃森哲大中华区供应链与运营咨询董事总经理
Jane.zheng.pan@accenture.com

江崇龙
埃森哲大中华区工业X.0业务主管、董事总经理
Chonglong.jiang@accenture.com

如何从“最后一公里配送”鏖战中突围

文 汪玉喜、楼姝、张希报、辛运哲

提要 中国电子商务如今已发展成为价值超8万亿元的市场，用户对商品“即时达”的需求正在迫使零售商、物流公司等寻求新技术和新流程来提高“最后一公里配送”效率并降低成本。

如今，客户对于无缝对接、快捷的快递体验需求日益增长（见图一）。这种需求不再局限于对Uber、Amazon等数字化企业，也扩展到了传统非数字化行业。但既有快递公司的物流体验大多不尽如人意。一方面，该行业许多创新技术（流程自动化、包裹扫描和强化分拣系统）都在幕后，用户看不到；另一方面，实时在线且了解技术趋势的客户对配送速度、功能需求更高，比如可选择及修改快递窗口、可实时跟踪快递状态或是可直接沟通的快递员。

因此，终端用户更乐于寻找能够满足其期望的创新型公司。未来，谁能向顾客提供包含上述附加功能甚至免费的快递服务，谁就将在"最后一公里配送"的战役中拔得头筹。

中国快递行业规模（亿元）

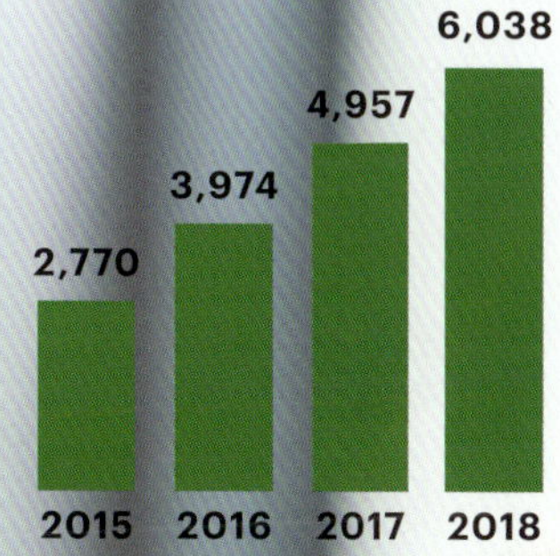

数据来源：国家邮政局

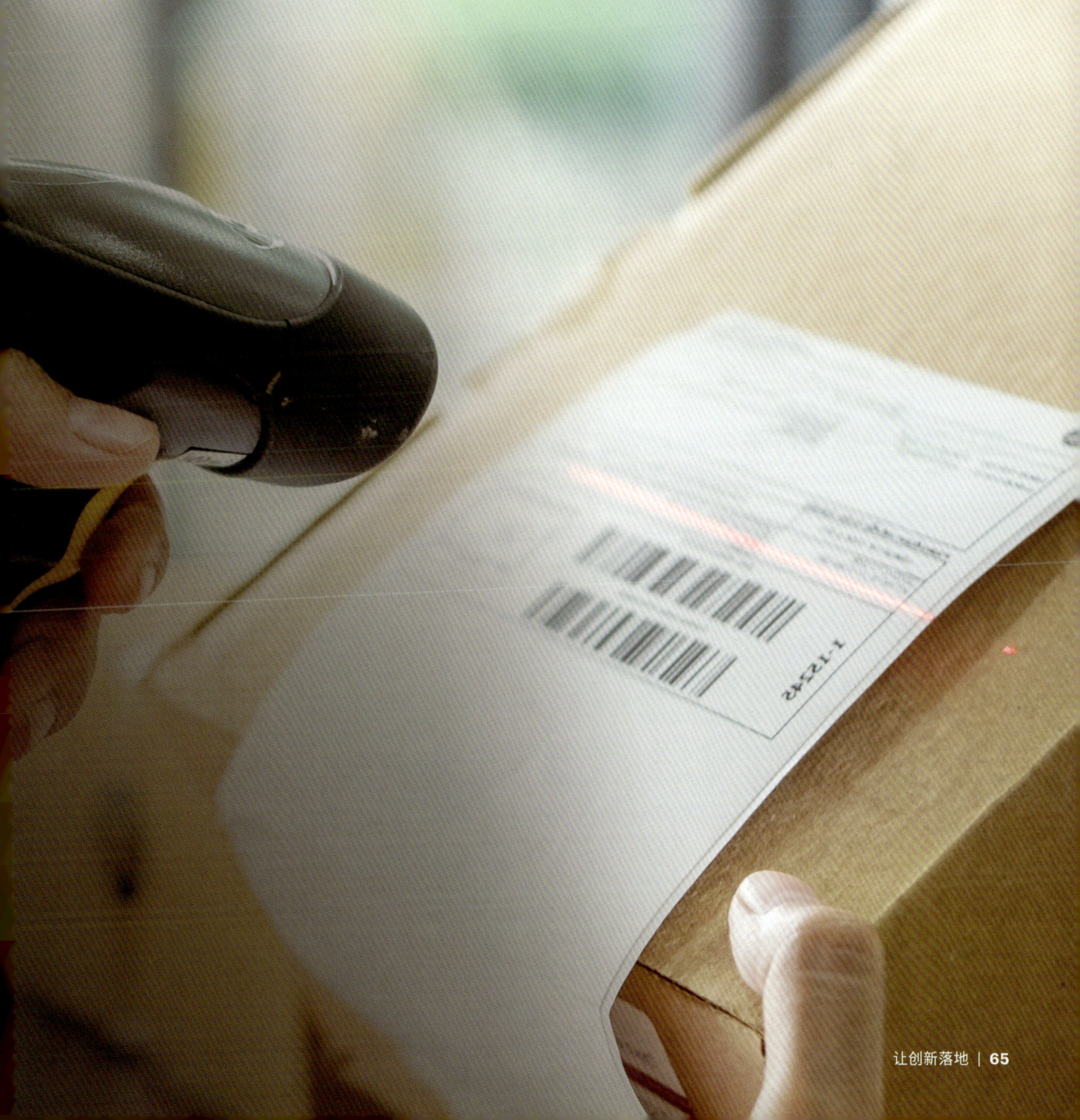

图一 客户对快递体验的期望

快捷

66%

千禧一代（编者注：指1982年至2000年出生的一代人）网购者表示他们希望电商网站在大都市地区提供1小时送货上门服务

27%

顾客因无当日达服务而选择放弃订单

免费

免运费

一直是客户在网购时对物流配送的首要考虑因素，其次是快速送达

81%

顾客不愿为当日达服务支付超过6元（人民币）的费用，因此使得零售商不得不自付额外成本

实时掌控

29%

购物者更改过送货时间或地址。如果允许，还有50%的人也将如此

90%

顾客即时跟踪其在线订单状态，并认为快递应适应他们的快节奏生活方式

亚马逊的一体化打法

在"最后一公里配送"的战役中，亚马逊无疑有丰富经验。

和多数依赖第三方物流的零售商不同，亚马逊利用其垂直一体化网络优势，从单一货源点分拣、包装和配送大量订单，然后将其整合成独特的配送路线，从而提高配送效率和协同效应，最终在零售、配送和物流方面占据主导地位。如今亚马逊占美国包裹寄送总量的25%，并有望在2020年达到50%。另外，亚马逊还为Prime会员提供2天免费配送服务或指定商品的当日达服务。

为进一步巩固竞争优势，加快配送速度，降低运输成本，亚马逊不断斥巨资在其物流网络和基础设施上——建立离终端客户更近的区域物流中心；推出按需、众包快递服务Amazon Flex；开发高级分析功能，更精准预测订单需求以及优化库存部署。

亚马逊的这些举措得到了行业专家的支持，他们认为Prime Now（提供1小时或2小时送货上门服务）比其他当日达快递公司的效率更高。每个站点平均配送1.5次（竞争对手接近1次），每个运营商每小时最多配送可达15个包裹，相比之下，当日送达快递公司仅为1到3个（见图二）。

新一代供应链：多渠道零售商的生机

尽管亚马逊拥有先发优势，但随着快递服务越来越本地化（50公里以下的快递行程每年增长25%），通过无缝结合线上服务与密集的线下体验，多渠道零售商仍可以进行反击，经济高效地满足消费者对更快送达服务和实时掌控快递的需求。为此，他们正利用数字技术和高级分析技术开发新一代具备五个核心功能的供应链（见图三）。

图二 按运营商类型和快递服务等级协议（SLA）计算的平均每小时配送量

单小时配送量对比

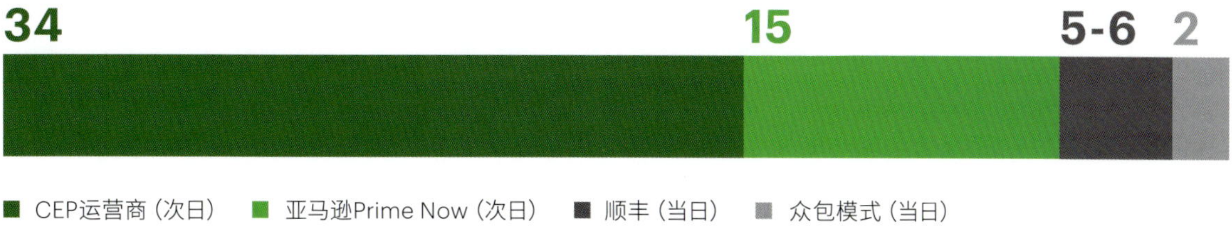

CEP运营商（次日）	亚马逊Prime Now（次日）	顺丰（当日）	众包模式（当日）
34	15	5-6	2

数据来源：埃森哲、The New Delivery Paradigm 2017、顺丰年报

图三 新一代供应链的五大核心功能

库存实时可见

为在越来越多的快递选项中准确接受、履行和完成订单，零售商需要精确定位其库存位置，以改进规划、快速完成订单、减少缺货和补货误差，更好地解决供应链问题

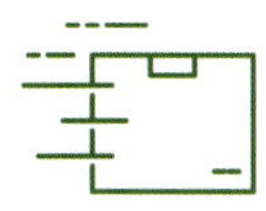

库存无缝部署

为了尽可能缩短配送时间并最大限度地调度产品，零售商正在使用智能算法实时自动分配和补充库存。如果零售商有完整的库存可视功能，他们可在所有渠道共享库存，并按需进行补货

操作智能敏捷

智能化对于精简零售供应链至关重要。零售商正在试验仓库机器人和强化虚拟现实技术（AR），进一步自动化分拣、包装和配送流程，同时使用高级预测和规划工具来优化销售预测和库存规划

配送网络便捷

为了更好地提供一系列的配送选择来满足不同的客户需求，零售商们正在利用包括商店，速递枢纽和物流中心等不同形式仓库的存货来履约。越来越多的商店通过改造成为前置仓来补充仓储网点的数量，使仓库离消费者更近，实现更快的当日达服务，而中心仓则用于次日达服务或国际快递。零售商也在发展其分销网络，以更好地处理退货事宜。随着退货率呈指数增长，高效的逆向物流正成为基本要求，这将进一步挤压零售商的利润和降低运营效率

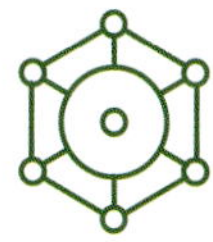

订单分布管理

当下的客户期望变得更高，供应链也更加复杂。因此，零售商正在使用分布式订单管理系统来智能化管理各种系统、优化流程和处理合作伙伴的订单。通过整合多个来源的订单，零售商可以通过任何库存点（无论是商店、物流中心还是送货卡车）来完成门店或线上订单。因此，供应链中的任何节点都可以用来提高配送效率

供应链案例研究——盒马鲜生

盒马鲜生是阿里巴巴对线下超市完全重构的新零售业态，消费者可以通过到店或者线上的方式购买生活用品、生鲜、蔬菜水果等日常生活所需品，其最大的特点之一就是快速配送——门店附近3公里范围内，30分钟送货上门。与传统零售的最大区别是，盒马运用大数据、移动互联、智能物联网、自动化等技术及先进设备，实现人、货、场三者之间的最优化匹配，从供应链、仓储到配送，盒马都有自己的完整物流体系。截至2018年底，已有109家盒马生鲜店，主要分布于一、二线城市。

按需配送服务真的好吗？

供应链解决方案还不够，各大小型零售商都需要一个更好的配送方案，来满足客户对快递速度、灵活性和掌控的要求。零售商与现有邮政快递公司合作已经无法满足需求，成本上与亚马逊等大型零售商免费配送也无法匹敌。为了应对这一局面， 零售商和快递公司尝试与各种按需配送的创新型公司合作，诸如饿了么、Deliv等，以确定更划算的当日达方案。

零工经济是这些初创企业最显著的特点——自由职业者从单一货源点收取订单，然后配送到单一目的地，一次只能完成一个订单。该模式通常利用现有商店的库存来满足当日达需求，这也意味着这些公司不必经营分销设施。同时，他们采用轻资产、数字化驱动的配送模式完成配送。为使得这一模式尽可能高效，他们将重点放在供需较高的城市地区。这一设置意味着客户可以通过订单跟踪、短信通知和灵活的快递窗口等功能，拥有更好的物流掌控体验（见图四）。

不过，这些新配送模式的盈利能力和可持续性依旧令人担忧，因为他们仍将面临激烈竞争、微薄利润、针对零工经济的潜在监管，以及一系列削弱规模经济效应的运营挑战。

图四 个性化定制快递体验

客户主体趋势是希望拥有更好的快递掌控体验。除了快速送达之外，他们越来越关注快递体验和效率。

确认和通知

确认客户位于配送地，并实时更新以便客户了解最新订单状态

评分

客户能够评价物流服务或评价快递员

配送窗口

客户能够自由选择配送时段

实时追踪

使用实时GPS追踪提供订单位置

快递状态和快递员信息

提供最新的订单信息或直接与快递员联系

重新定向

对配送地点或时间进行最后更改

按需配送服务案例研究——饿了么

饿了么是2008年创立的本地生活平台，主营在线外卖、新零售、即时配送和餐饮供应链等业务，致力于在半小时之内将食品和其他物品快速交付给消费者。

饿了么通过应用智能技术来提升即时配送效率。比如借助人工智能技术，实现了100%订单智能分配与计划，同时率先在整个行业推出无人机配送方案，帮助商户进行大规模、长距离的干线配送，还推出了智能配送机器人"万小饿"，能在封闭环境，如住宅、写字楼、酒店办公室等领域自动上下电梯，代替人进行配送。

迄今为止，这种配送模式未能有效地利用和巩固其所在城区的高密度供需融入配送路线。在追求速度的同时，难以兼顾包裹整合、直投包裹规模和路线密度等成本影响要素，单票投递成本仍处于较高水平。即时配公司通常每小时只能配送2到3个。平均可变成本却高达7至10美元，而大多数消费者仅仅愿意支付不超过5美元的当日送达配送费用。

现在，零售商配送费和初创企业的风险资本融资相结合，为初创企业补贴了实际配送成本，但这不是长久之举。随着当日送达订单量的增长，零售商和初创企业将无法大规模补贴配送费。更加可持续的运营模式对于这些公司的生存至关重要。

"持续配送"未来可期

零售商和快递公司需要引进"持续配送"配送模式来实现具有成本效益的配送方案；同时还要利用更广泛的配送服务生态系统来提高效率。当日达服务就是持续配送模式中最具有成本效益的方案之一，它要求快递公司具备在一天内不断地将包裹收集和送达到配送路线上的能力。例如，配送员可以一大早先在当地时装店收集16个包裹，然后给当地的10个顾客配送完包裹后，再在当地的百货商店收集另外8个包裹。

此方案将不断优化路线密度，提高配送员利用率并降低快递成本。而运营商则需要掌握以下四项能力：

超前预测

运用智能算法准确预测收集包裹数量、配送地点和下单时间。这些预测订单帮助路线优化引擎改善配送员响应时间，增加每条路线的包裹收发数量，并降低运输成本。

优化配送

利用实时动态优化路线，以快速响应并有效地调度整个网络的包裹收发。这将使得配送员行驶在一条高效路线上，同时他们可以利用实时数据快速响应全天的变化。

智能洞察

运用机器学习和高级分析功能来衡量配送绩效，能够根据货物和配送时效需求的差异，采用不同的末端配送方式和配送工具，进一步提高路线密度和配送效率。更多功能的嵌入可为零售商提供更透明的点到点的配送流程，以监控快递公司的效率，并在其快递选项中找到最佳解决方案。

实时追踪

使用GPS轨迹追踪和节点扫描功能为客户提供更高的可视性，让客户更好地掌控端到端配送体验。这包括实时追踪功能、快递信息通知、灵活的快递窗口以及与配送员或客服的即时联系。进而，这些实时的客户更新将与所有实时数据更新一起反馈到路径优化引擎。

另外，实现"持续配送"所需的核心功能在很大程度上依赖于新的分析方法和技术，最大限度地利用公司的现有数据，但是许多公司还不具备相关的能力或技能。为弥补这一差距，越来越多企业与学术机构和技术公司开展合作，完善"最后一公里配送"服务，并试验包括无人机、自动驾驶汽车和机器人在内的先进技术，以进一步降低物流成本和配送成本。

创新合作案例研究——沃尔玛

沃尔玛正在与零售自动化公司Alert Innovation合作开发名为Alphabot的自动化物流系统，在美国新罕布什尔州Salem的商店中进行试用。该自动化系统将为客户挑选和整理在线订单，减少人工输入、提高物流速度并降低拣选成本。Alphabot系统将安置在与商店相连的2万平方英尺的设施中。沃尔玛计划2018年前在美国完成测试并开始向全球门店推广。

利用电子商务热潮带来的机遇，“最后一公里配送”的配送商（包括快递初创公司、快递公司以及零售商）必须运用“持续配送”模式来提高路线密度和降低运输成本。它们需要在配送速度和掌控快递体验之间取得恰当的平衡，确保它们有足够的时间整合订单，以提升配送密度并增加单次投递量，从而取得成功；同时它们要提供消费者目前所期望的增值功能，包括送达前修改订单、实时追踪和快递员评分系统。

争夺客户的竞争将更多发生在“最后一公里配送”环节。而“持续配送”方案将为快递运营商的生存和成功提供一套完整宝典。

汪玉喜
埃森哲战略大中华区董事总经理，
物流、供应链与交通运输业主管
常驻北京
yuxi.wang@accenture.com

楼姝
埃森哲战略大中华区总监
常驻上海
ivy.shu.lou@accenture.com

张希报
埃森哲战略大中华区顾问
常驻上海
xibao.zhang@accenture.com

辛运哲
埃森哲战略大中华区分析师
常驻上海
max.yunzhe.xin@accenture.com

营销转型五步，拓展能源服务

文 王靖、吕妍

提要 面对挤压式颠覆，公用事业企业需要开拓综合能源服务市场，以实现新增长，而率先开启营销转型升级将为企业赢得先机。

数字化浪潮中，以输配电和城市燃气为主营业务的公用事业企业并未能偏安一隅。实际上，它们正被缓慢挤压，尽管传统业务仍能在相当一段时间内保持稳定规模，但数字化的新兴业务尚难获得客户认可，企业参与未来市场的竞争力实际上不断弱化。此外，其他行业巨头与新兴科技企业正对万亿规模的能源服务市场摩拳擦掌，传统公用事业企业如何依靠数字化转型突出重围？这考验着企业高层的领导力，尤其是在营销方面。

营销事关新业务“开源”

企业数字化转型重点在于根据企业自身发展战略，以数字技术为核心动能，一方面改造现有服务，拓展新兴业务，提高营业收入，实现“开源”，此外，利用数字化技术深层优化企业运营，降低内部成本，实现“节流”（见图一）。

公用事业企业利用数字技术实现降本增收的需求尤为迫切。放眼全球，天然气市场价格低迷，用电量增长普遍陷入疲软，美国及欧洲公用事业公司市值持续走低；环顾国内，新一轮电价、天然气价格下调等举措蚕食着企业原有的利润空间，电力上市企业净利润增长率自2009年以来一路下滑，多数企业经过多轮“降本增效”行动，成本压缩空间已所剩无几。面对传统业务利润与企业运营成本的双重挤压，公用事业企业要在挑战中迎难而上，就必须将目光聚焦于“开源”，通过开拓新业务实现收入增长。

“开源”，意味着传统企业必须走出竞争压力几乎为零的“保底业务”领域，迈向模式多变、竞争加剧的综合能源服务市场。公用事业企业需要尽快培养市场分析、营销推广的多重能力。埃森哲2017年全球能源消费者调研显示，82%的消费者愿意购买新的能源产品服务，前提是这些服务能够以个性化的方式提供。因此，公用事业营销团队还须具备更加强大的客户洞察能力，利用客户画像优化服务体验。

营销成功转型需闯三关

面临行业形态、市场环境、客户期待等多重挑战，公用事业营销团队需清晰意识到现状与理想之间的差距，克服“三重障碍”，将企业转型战略真正落地。

战略调整。公用事业企业营销团队亟待解决如何将客户至上的理念内化于服务设计、绩效评估等日常实际工作之中，帮助企业创造出更具竞争力的产品服务和个性化的客户体验。

此外，传统巨头大多希望利用已有的规模优势，搭建大型综合性能源服务平台，如国家电网致力打造“枢纽型、平台型、共享型”的能

图一　企业数字化转型价值区间

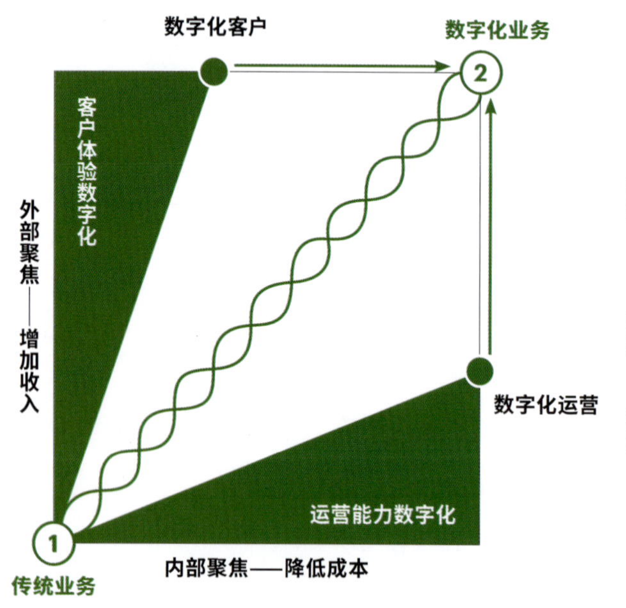

价值区间

数字化客户：利用数字技术，采用更加先进、精细的方式与客户交流，增加营业收入和利润

数字化运营：从研发等核心部门到人力资源等后勤部门，降低企业价值链各项环节成本

数字化业务：对当前的商业模式进行数字化升级，并开发新的商业模式，利用数字技术挖掘新的增长点

源互联网企业。然而要将这些宏伟的愿景变成现实绝非易事，公用事业企业还需抛弃长久以来“单打独斗”的商业模式，认真思考如何通过企业之间的强强联合，丰富平台之上的产品服务供给，借助企业品牌与营销推广扩大平台影响力，利用端到端的解决方案吸引更多客户，帮助企业的“生态系统”真正发展壮大。

能力升级。转型后，传统企业的营销工作重心将由单一的服务客户变为洞察需求、开拓市场、创新产品等多项并举，以往经验难以满足新时代工作要求。

客户管理能力不足。公用事业企业以往只提供标准化服务，更关注“消除客户抱怨”而非“客户想要什么”，了解客户需求、分析客户特征以及利用客户反馈的能力均相对薄弱。

营销专业能力不足。平台经济时代崇尚“内容为王”“渠道为王”，公用事业企业一来在服务设计上经验和自信不足，二来在渠道运营方面较为保守。

运营管控能力不足。传统的公用事业营销职能以业务办理为重，与其他部门互动程度较低。然而今时不同往日，以能源托管（编者注：指能源服务商为用户侧综合能源系统提供管家式服务，包括运行管理、设备维护等服务）为例，仅服务设计一个环节就必须由客户洞察、服务设计人员和区域能源系统的规划、维护人员等共同参与，既要追求超越客户期待，又要确保能力范围可及。此外，即使建立了内外部协同合作机制，如果企业绩效管理体系中未能引入结果导向型指标，各职能间缺乏柔性协同的动力，也难以保证服务体验（见图二）。

数据赋能。公用事业坐拥海量数据，但其数据优势似乎仅在于体量而非质量：数据标准化水平、数据贯通性均存在疑问，缺少能够整合多数据源、多业务系统和营销多业务模块的统一平台，难以支撑现有服务网架升级为管理多种能源的枢纽型网络，更难以实现能量流与数据流的融合发展。

图二　数字化提升运营三大能力

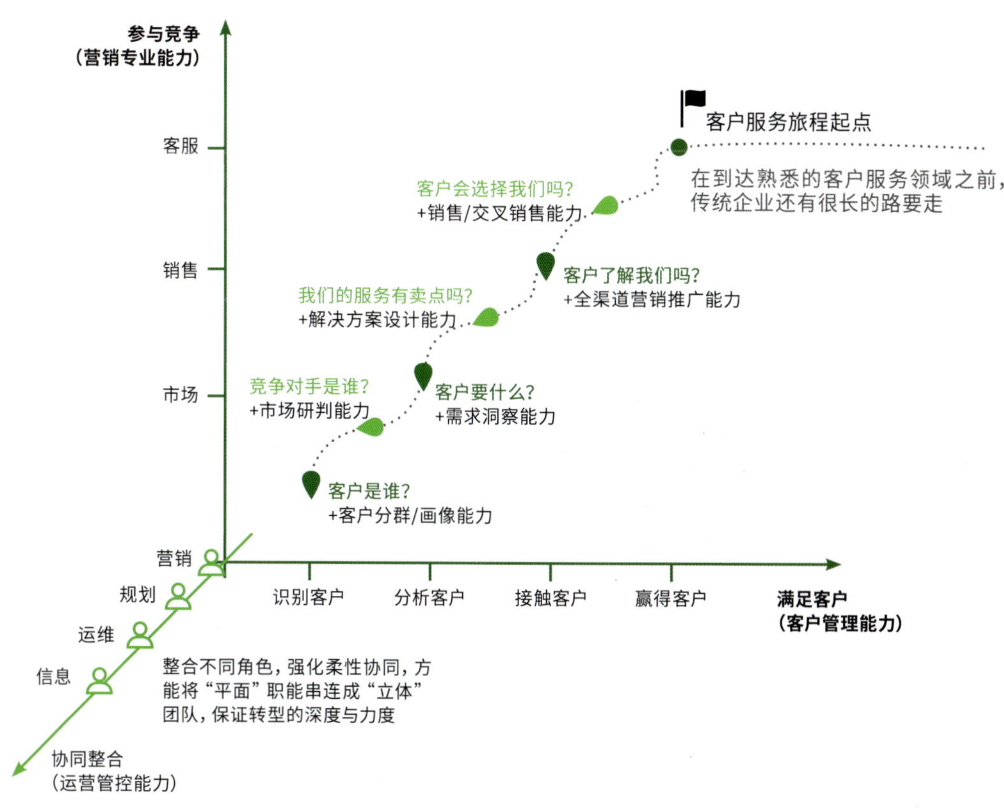

五步构筑
营销转型之路

埃森哲建议中国公用事业传统企业科学设计营销转型行动计划，并尽快付诸实践。这需要大致五个关键步骤。

1. 制定数字化营销战略

公用事业应当把“以客户为中心”与“转型成为能源互联网企业”的战略结合起来，立足客户需求，思考“平台”“生态”能够带给客户哪些核心价值。营销团队须基于企业战略，预判业态发展趋势，制定包含业务战场、目标客户、商业模式、品牌定位与产品组合的具体策略。行动时切勿求大求全，应勇敢搁置前景不明、发展缓慢的“鸡肋”业务，优选模式清晰、且企业具备一定能力的业务领域，深度调研客户需求，集中内部资源打造重点业务的极致体验，使关键客户群体转变为企业的“最忠诚客户”。

面临东京地区用电需求萎缩、非电能市场萌芽等“内忧外患”，东京电力提出了成为“全能型城市基础公共服务提供商”的战略目标。为加快业务拓展，东电的营销战略直接确定了利用物联网技术向居民和工商业客户分别推广综合能源服务时的主要卖点。清晰的策略使其快速孵化出顶级的综合能源服务主体和业务组合。

资料来源：公开信息，埃森哲研究，2018年

---

2. 打造个性化客户体验

面对客户管理的短板，传统企业还需尽快开始“三步走”：一是与其他企业及相关政府部门建立信息共享机制，将外部客户数据“接进来”。二是对定量历史数据持续挖掘，并通过定性调研分析客户的潜在能源服务需求，把客户信息“用起来”。三是改变自己在客户心中“迟钝、刻板”的形象，利用社交媒体与客户深度互动，做“有故事、有温度”的百年老店。

超过50%的美国能源消费者会因为服务体验不佳而选择终止合约。因此，杜克能源公司视服务体验为新时代能源零售的“主战场”，利用客户画像等工具为各类客户“量身定制”服务旅程，有针对性地总结服务重点、痛点，率先开展“监控互动旅程”“提供个性套餐”“制定共情战略”和“构建服务组合”等四项紧急行动，实现降本增收。

资料来源：埃森哲研究，2017年

3. 培养差异化营销能力

要加速进军综合能源服务，营销团队可以“双管齐下”，优先补足服务设计能力与推广销售能力。一方面，利用竞品分析和洞悉对手与自身服务内容之间的差异，优化产品设计，开发出客户感兴趣的“服务包”，让新兴业务成为“现金牛”。另一方面，充分借鉴电信、银行等巨头的差异化传播手段，利用专属服务经理、微信公众号等渠道将定制化服务组合推介给关键客户代表，用“一条龙”式的服务合同锁定销售。

为推广能源管理整体解决方案，新加坡电力抢抓登加新镇建立之契机，为其度身打造智慧能源城镇项目。通过部署区域能源互联网，利用人工智能搭建能源管理平台，整合区域内所有制冷系统、光伏项目、电动汽车充电网络及储能系统，并利用算法和物联网设备自动优化能源供给分配，预期可有效提升能源利用效率，减少总耗能量。

资料来源：埃森哲研究，2018年

4. 鼓励柔性协同机制

要改变业务人员本位主义的心态，就需要将“响应客户需求”作为企业的工作目标与考核标准。因此，传统企业须首先要求各部门改变工作价值观，梳理和改造所有与客户相关的流程环节，主动以跨职能柔性团队形式提供服务。其次，企业需要以新的绩效机制取代原本相对割裂的部门考核制度，关注各职能对业务转型的实际贡献，做到“赏罚分明”。

面临股价下跌与能源互联网的双重压力，法国ENGIE公司在以往职能架构的基础上建立了一套柔性组织链条：客户中心专注于客户洞察；创新工作室通过内外合作开展服务设计；数字化工厂提供全过程技术支持。负责每项服务的产品经理都有权力获得各个团队端到端的支持。通过组织机制的革新，ENGIE为自身创造了数亿美元的新业务机会。

资料来源：埃森哲研究，2018年

5. 升级信息化基础支撑

战略与能力发生转变之时，信息化基础也必须随之升级更新。已部署的各项技术和运营多年的设施、网络仍然是企业的宝贵资产，但须通过改造，以更灵活的方式支持前端应用；数据不仅是内部管理分析的依据，更是拓展业务必不可缺的生产资料。这就需要企业以先见性的目光审视能源生态中的每一种角色和能源利用形式，在物理层广布触点，在技术层以统一、可扩展的模型实现数据贯通，并建成支持数据整合洞察和终端业务分析优化的系统平台，真正实现营销业务的数字化驱动。

面对客户侧终端广泛接入、能量流向日益复杂的情况，美国联合爱迪生公司近年来开展配网系统升级计划，力争在分布式能源管理系统、开放式EV集成云平台、智能电表数据应用等多个方面完成技术升级，并实现上述各平台与客户信息系统、计量系统等核心营销系统的联通，将其所辖电网打造成一个实时、动态、交互的“能源路由”。

资料来源：埃森哲研究，2018年

世异则事异，事异则备变。公用事业的营销转型，说到底，是要帮助企业在传统业务之外重新找到开拓的方向，用新的能力实现新的价值增长。转型之路上，传统企业还须思深忧远、全面出击，实现营销业务的体系化革新，用数字化、市场化的营销能力为企业修筑一条通往能源互联网新生态的繁荣之路。

王靖
埃森哲大中华区资源事业部董事总经理
常驻上海
joy.jing.wang@accenture.com

吕妍
埃森哲大中华区资源事业部咨询顾问
常驻北京
carol.yan.lv@accenture.com

跨国品牌能否跑赢本土品牌？

文 索尼娅·古普塔（Sonia Gupta）、奥利弗·赖特（Oliver Wright）

提要 越来越多的国际品牌企业高管已经意识到市场份额正逐渐被新兴市场的本土品牌抢占，要想稳固自己的市场地位，跨国品牌需要更加灵活地应对本土市场需求。

在1.2万亿美元的快消品行业中，新兴市场一直以来是跨国品牌的商业要塞。过去十年间，它们在中国、印度尼西亚和印度一直以9%的市场增长率稳步增长，在巴西市场每年的增长率为3%。但现实是，这些企业并不能高枕无忧。随着新兴市场独特的市场特征日益凸显，本土小众品牌反而更容易抢占新兴市场。

回顾2017年，在我们按类别和国家划分考量的品牌中，名列前三的品牌中有75%是小品牌、新品牌或本土品牌。中国的自然堂面霜和印度的Vini香体露在推出的5年内就进入了市场前10名。本属于大型“强劲品牌”的市场份额正不断被本土小型竞争对手侵吞。根据埃森哲研究表明，过去十年间，排名前三的大型消费品品牌在上述四大新兴市场中的三个市场损失份额已超过5%。因此，大型消费品牌只有更深入地了解这些品牌快速增长背后的原因，才能更好地与其同场竞技。

出于对本土市场的了解，本土品牌更为如鱼得水。

- **量体裁衣：**本土品牌利用精密调研网络，从利基消费者群体中获得实时、直接的洞察反馈，并迅速利用这些未经过滤的信息开发和改善与目标群体有着超高关联度的产品；
- **实时分销：**本土品牌能更好地生产符合当地消费者需求的超定向产品并在当地直接分销；
- **口碑传播：**无须拥有老牌跨国公司支持的“品质标志”，小型公司利用本地社交媒体和消费者参与实现广泛的口碑传播，建立实时的品牌信任。

跨国品牌显然“水土不服”：为生产和运输大量更吸引大众的产品，大品牌建立的全球供应链系统缺乏灵活性，并且有着烦琐冗长的调研研发流程。

以正在发展壮大的小品牌Wardah为例，它之所以能够在印度尼西亚女性化妆品市场站稳脚跟，正是因为该品牌善于找到消费细分市场，并与该市场中的消费者互动。Wardah不仅根据当地穆斯林女性消费者的需求量身定制产品，而且确保这些产品符合清真标准，这正是吸引这个消费群体的重要因素。中国的自然堂则是通过深挖本土商超百货渠道而获取了稳固的市场根基，从而成为“国货新标杆”。

大型跨国公司早就意识到本土消费者的需求，可见无知并不是他们的绊脚石，事实上问题的症结在于：以全球品牌为重点的商业模式不允许厂商以满足特定消费者需求的方式来服务这一群体。

要在当下的新环境中竞争生存，大型国际品牌需要变得更有韧性，并与本土小众消费者群体建立更私人、更值得信赖的亲密关系。他们需要成为我们所说的“生力企业”（Living Business）——或者智能企业，使用数据来深入理解、预测并适应本土消费者的需求，并随着消费者需求的变化而发展。

而根据埃森哲研究及客户端工作表明，以下三种制胜法则能让历史悠久的大公司更好地与专注度高的本土品牌同台竞争。

法则一：双管齐下

大型企业的庞大规模得益于大品牌的销售，但要想在未来取得成功，企业需要建立包括专注度较高的本土品牌和大型国际品牌在内的混合型产品运营模式。尽管目前看来本土品牌的受众范围较小，但趋势表明，这些品牌会对公司的整体增长带来必然优势。同样，面对更广泛、更多样的产品供应，公司应做好准备迎战复杂的运营管理。

为了支持复杂产品组合，大型企业需要将全球资产置于本土品牌的服务之下。大多数的大公司都在努力标准化商业模式，创建简化的运营结构，以便在一系列“核心”资产（即产品开发、制造专业知识、分销渠道、消费者洞察、人才和供应商）中利用规模经济。要想做到这点，一种方式是采用模块化方法——根据需要来混合、配置资产，从而服务新品牌。

该策略的应用可以从可口可乐（Coca-Cola）和联合利华（Unilever）身上看到——当两家公司在印度推广自己的Zico椰子汁品牌和希贾布（Hijab）新鲜保湿霜时，双方不仅利用了自身大品牌的全球分销实力和研发能力，并充分利用了本地的消费者洞察，快速地推出品牌。企业在未来竞争中必须要具备这种灵活性。

法则二：调整预期

“持续打造品牌资产”一直是大型跨国公司的口头禅。通过前期的大量投资，这些公司已开发出销售几十年的品牌，并持续保持产品与消费者的关联度。但是，这种理念迫使每推出一个新的品牌都要经过18至24个月的周期，包含大量调研、强制性测试、漫长创新周期，以及建立品牌意识和产品分销的巨额投资。这种方式孕育出了一种规避风险的文化，以至于一些大公司多年来都没有推出一个新品牌。

反观，小公司进入市场的速度更快，在获得真正的消费者反馈时，便可立即调整自己的产品组合，并根据自己创造的收入进行投资。印度本土消费品公司Patanjali就是一个例子。仅5年时间，Patanjali以很少的投资获得了戏剧性的进展，旗下牙膏品牌Dant Kanti在印度的市场份额已由2011年的1%增长到2017年的13%，撼动了国际品牌高露洁在口腔护理市场中的主导地位。Patanjali的营销活动包括参加瑜伽训练营与消费者直接接触，且只通过自己的零售店销售产品。通过这种方式，公司获得了及时、高度集中的消费者反馈，并利用这些反馈来塑造其产品，实现业务增长。

要与小型新贵同台竞争，大公司必须应用一种更具实验性的经营方式，容忍更多变数，更快地将小众品牌推向市场，尽管这种方式会增加品牌的失败率。另外，大公司还必须调整自己对小众品牌的预期。超目标、高关联度的品牌的市场份额“峰值”可能只有几个百分点，但仍然可以盈利，而且大公司必须愿意在更短时间内以更大的灵活性来实现盈利。

法则三：聚焦创意

跨国品牌需要与当地消费者拉近距离，并授权当地团队想出新创意。利用其规模优势，当地团队可通过庞大的数据资源实现这些想法，推进快速测试，就像他们曾经在全球供应链中建立优势，为消费者提供大品牌服务一样。

有时，可通过企业并购来实现创新——近年来，我们看到了许多大公司收购小公司、品牌与人才的例子，比如联合利华收购Dollar Shave Club（美元剃须俱乐部），强生收购OGX。但是，收购小品牌只是大公司的替代方案。公司要想取得成功，鼓励内部人员与相关的外部合作产生各种新想法才是重中之重。

对跨国公司来说，好消息是：只要他们愿意灵活地与客户打交道，即便在这样一个越来越青睐小型、专注于本土品牌的环境中，大公司仍能蓬勃发展。胜利永远属于与时俱进、灵活变通的人，不是吗？

索尼娅·古普塔
埃森哲战略总监
常驻新加坡
sonia.gupta@accenture.com

奥利弗·赖特
埃森哲战略总监
常驻伦敦
oliver.wright@accenture.com

“德国制造”的物联网思维

文 弗兰克·里门施佩格（Frank Riemensperger）、斯文加·福克（Svenja Falk）

提要 德国物联网专家清醒地意识到：德国制造的机器将失去曾经的核心地位，取而代之的是数据与服务。因此，德国企业远未像人们想象的那样强大，甚至需要向中国和美国学习。

若谈及数字化与物联网，德国工业往往不被看好：人们认为德国的产业转型过于缓慢，已被他国竞争者拉开了很大的差距。但事实确实如此吗？在经济由物联网和数据所支撑的大背景下，德国果真已优势尽失？

对此，德国给出了明确的回答：绝非如此！“德国制造”拥有的众多优势将为其创造独一无二的发展机遇。但单纯依靠机器制造工艺这一点是不够的。德国经济昔日勇登世界顶峰得到的经验已经过时，如今的产业发展模式亟待彻底改革。而能够实现这一点的便是第四次工业革命——数字化、自动化以及为人工智能不断提供动力的海量数据，将成为推动德国未来经济强劲发展的关键因素。

任何一家企业，若没有意识到要将数据用于工作和生产流程的优化，并以此开发新的服务型商业模式，便会迅速被淘汰。务必谨记，客户需求乃至整个产业，每时每刻都在改变。

德国企业虽然对此有清晰的认识，但却并未做出反应。面对重大变革，他们中的许多都踌躇不前，苦苦找寻正确的途径。

而机遇正潜藏在其中。我们始终坚信，德国企业有能力克服这些困难，也有能力在物联网的新时代中闯出属于自己的一片天地。但前提是：企业必须树立正确的目标——在这一方面，埃森哲正在为德国企业提供最核心的帮助。

"智能工厂"并非最终目的

如今的现实是：单靠机器互联和数据搜集已经无法带动工业数字化转型。要想实现物联网与"工业4.0"所能带来的巨大经济附加值，就不能仅满足于"智能工厂"这一阶段性目标，而要将目光放得更为长远，在价值创造、商业模型和吸引客户三大方面开拓新的道路。

在未来的工业中，物联网将催生出前所未见的商业模式，企业从而得以另辟蹊径，为客户提供全新的价值：高度定制化的产品可作为"服务"出租，近乎实时地加以使用。但是其最主要的成果还是商业效益的显著提升。例如，西班牙高速列车运营机构AVE利用数据进行行车过程与列车维护优化，现已将准点率提升至99.8%。这不仅使列车利用率达到了75%——2017年德国铁路公司（Deutsche Bahn）的利用率仅为55%，而且还开辟出了新的市场：AVE如今可以将其提升列车准点率的技术作为商品对外销售。

这正是德国企业应努力的方向——通过智能互联产品（本例中为火车与轨道）、智能服务（列车维护优化）和新的价值定位（出售"准点率"）相结合，真正实现价值创造的数字化。但迄今为止，能做到这一点的先进企业仍属凤毛麟角。

德国的强项：机器数据

机器数据何以为德国工业的优势？原因可以体现在以下几方面。首先来看一组令人振奋的调查结果：据估计，全球范围内由德国企业生产、出售和自用的机器总数突破了十万亿大关，相当于一个拥有超过十万亿"终端"的物联网，其中产生的庞大数据此时此刻正等待着人们挖掘。

毫不夸张地说，只要坐拥这座"宝藏"的企业通过对数据的处理创造更大的价值，其便能一跃成为具有全球影响力的市场引领者——海量数据的无穷潜力，从"消费者平台"领域的成功案例中可见一斑：美国最大的四家互联网公司凭借其极为丰富的数据资源，已然创造了超过德国国民收入一半的巨额价值。

事实上，如果德国企业对这座数据"金山"进行充分挖掘，那么必定能够创造出更大价值。因为诞生于工厂、汽车和物流链的数据，拥有比社交媒体及电商平台的数据高出几倍的价值，毕竟后者往往仅适合被用于营销宣传目的。

其实在德国，已有许多企业开始着手利用这些数据拓展新的商机。它们有的开发物联网应用、机器或装置，以数字化来吸引更多客户；有的则创建了真正的"物联网平台"，通过搭载服务目录和支付服务的云网络将大量设备同时连接在一起，其中博世（Bosch）、西门子（Siemens）和通快（Trumpf）等大型工业集团所搭设的专业平台备受瞩目。

但迄今为止的努力尚不足够。行业先驱的尝试大多仅局限于"个例"，上文提及的平台仅有少数向第三方开发，并且总体的发展规模相当有限。最后，我们还需要关注一组使人警醒的数据：在全球大规模投入物联网平台的企业中，有18%的同业者创造了高额的产值；而在德国，仅有3%的物联网平台运营商做到了这一点。这深刻地说明了，德国企业并未运用起其拥有的巨大优势。

其他大国绝非等闲

在多数德国企业停滞不前的同时，其他国家已目标明确地朝着工业4.0大步向前，持续推进基于数据的商业模式创新。尤其是中国与美国近年来不断取得重大进展，在部分领域已走在了德国前面。

以各国IT产业在经济总量中的占比为例，德国的IT产业比率从2007到2017年翻了一番，由8%上升到了16%；在大西洋对岸的美国，IT业的比重则从28%提高至36%，而中国的数据在同一时期猛增了6倍，由原本的4%跃升至28%。那么，德国经济在这一时期的总体发展状况如何？十年间，德国经济的增长愈发依赖于汽车产业，如今以汽车为最主要发展动力的德企在国内50强中的占比已达到了60%，其从100年前延续至今的发展模式也逐渐失去效用。

中德美三国的不同产业结构同时也反映出了以下差异：世界上的大多数独角兽公司，即估值达到10亿美元以上的初创企业，都来自美国和中国。而全球最具价值的企业——其中多数平台经济为显著特点——都将其总部设在这两个国家之内。德国顶尖企业的市值如今正承受着巨大的下行压力。

国家间发展实力的不均，同样影响到了企业的竞争力。中国与美国的企业在物联网、大数据和人工智能等发展前景广阔的领域一路高歌猛进，部分企业也正持续对平台开发与运营进行大力投入。而德国似乎仍安于现状，依旧将重心放在工程设计、产品服务卓越质量以及出口能力等传统强项之中。

但仅凭着这些强项已无法在不远的未来占得先机。物联网正以极快的速度对用户需求、价值链、企业的生产与经营进行变革，并同时为整个产业结构带来了翻天覆地的变化（从前的竞争者变为合作伙伴，其他领域的公司如今变为了同业竞争对手）。德国企业需要一个新的发展策略，更准确地说，前文所提到的新战略需要立即得到执行。

德国企业的当务之急

这一新战略可如此表述：将互联机器、数字化服务和新的价值定位相互结合，是在物联网时代竞争中立于不败之地的关键。

德国企业其实已经拥有了实现这一点的部分前提条件，这可以从其生产的互联机器、设备、产品及最新提供的数字化服务中体现出来。该发展趋势最先起源于工厂设备供应商，随后蔓延至汽车生产商，还影响到了工程机械等领域，例如：德国老牌混凝土机械制造商普茨迈斯特（Putzmeister）便自主开发了用以租借无缝混凝土泵车的数字平台。

德国如今最为缺乏的，其实是全面推广数字化的意愿和勇气，是解决当下问题、带动德国工业4.0顺利转型的坚定决心。目前存在的问题中，比较突出的是宽频通信基础设施的缺陷、金融业的不足以及机器数据跨企业流通的障碍。但更为重要的是，建立起有利于数据经济转型以及B2B平台建设的企业环境，这样才能超越“德国制造2025”，登上更高的阶梯，将德国机器与设备的全球联网与实时支持变为现实。

从“德国制造”升级为“德国运营”

为了促成现有产品经济与服务经济的结合，德国还需要付诸哪些努力？我们认为战略答案在于，德国和欧洲工业应始终以客户利益和团结协作为焦点，实现以下三大主题的紧密结合。

第一，全新的智能产品设计。专为平台经济开发的机器与设备，即能够借助软件和数据不断丰富自身功能的智能机器。

第二，全新的数字化生产及工程实施方式。旨在降低生产成本，提高竞争实力，推动企业走向世界。

第三，对运行中的产品和设备进行持续观察、优化和调整的“运营”方案。其基础为，企业需要拥有对产品和设备运行数据进行实时分析的能力，且能够随时通过软件对数据变化做出反应。

满足了以上两点的企业，可以将这一理念投入到实际的平台开发中，并利用网络效应不断提升客户价值——如此方能打造全新、全面的服务前景，并实现数字化商业模式的创新。

如今的德国仍可以把握住机会，在新一轮的科技革命中保住“工业大国”的地位。但前提是，在工业物联网的大潮中建立机器的全球互联，实践独特的商业模式。

弗兰克·里门施佩格
埃森哲德国、奥地利和瑞士地区总裁
常驻法兰克福
frank.riemensperger@accenture.com

斯文加·福克
埃森哲医疗保健和公共服务业务
全球董事总经理
常驻柏林
svenja.falk@accenture.com

两位专家的最新著作《防守型冠军：德国工业如何在数字时代保持领先地位》（Titelverteidiger: Wie die deutsche Industrie ihre Spitzenposition auch im digitalen Zeitalter sichert），于2019年3月由Redline出版社发行。

关于《防守型冠军》

“完成保持领先地位的使命”：数字化给德国工业带来了巨大挑战。弗兰克·里门施佩格和斯文加·福克在《防守型冠军》一书中，阐述了如何克服这些障碍。两位专家首先分析德国工业在数字时代的地位，随后通过许多实例和最新研究表明：凭借勇气、技术智能、专注力以及全新的数字价值创造方式和商业模式，德国企业能够在未来继续赢得成功。

关于埃森哲

埃森哲公司注册成立于爱尔兰，是一家全球领先的专业服务公司，为客户提供战略、咨询、数字、技术和运营服务及解决方案。我们立足商业与技术的前沿，业务涵盖40多个行业，以及企业日常运营部门的各个职能。凭借独特的业内经验与专业技能，以及翘楚全球的交付网络，我们帮助客户提升绩效，并为利益相关方持续创造价值。埃森哲是《财富》全球500强企业之一，目前拥有约47.7万名员工，服务于120多个国家的客户。我们致力驱动创新，从而改善人们工作和生活的方式。

埃森哲在大中华区开展业务逾30年，拥有一支约1.5万人的员工队伍，分布于多个城市，包括北京、上海、大连、成都、广州、深圳、香港和台北。作为可信赖的数字化转型卓越伙伴，我们正在更创新地参与商业和技术生态圈的建设，帮助中国企业和政府把握数字化力量，通过制定战略、优化流程、集成系统、部署云计算等实现转型，提升全球竞争力，从而立足中国、赢在全球。

详细信息，敬请访问埃森哲公司主页www.accenture.com以及埃森哲大中华区主页www.accenture.cn。

埃森哲在大中华区八个城市设有多家分公司
以下是主要办公室的联系方式：

埃森哲（北京）
北京市朝阳区东三环中路1号
环球金融中心西楼21层
邮编:100020
电话:(8610)5870 5870
传真:(8610)6561 2077

埃森哲（上海）
上海市淮海中路381号
中环广场30层
邮编:200020
电话:(8621)2305 3333
传真:(8621)6386 9922

埃森哲（大连）
大连市软件园东路44号
邮编:116023
电话:(86411)8214 7800
传真:(86411)8476 0488

埃森哲（广州）
广州天河区天河北路898号
信源大厦13层
邮编:510898
电话:(8620)3818 3333
传真:(8620)3818 3399

埃森哲（成都）
成都市高新区拓新东街81号
天府软件园C区7号楼8楼
邮编:610041
电话:(8628)6555 5000
传真:(8628)6555 5288

埃森哲（深圳）
深圳市福田区华富路1018号
中航中心15楼06B-08
邮编:518031
电话:(86755)8864 8700
传真:(86755)8831 5469

埃森哲（香港）
香港鲗鱼涌华兰路18号
太古坊港岛东中心41楼4103-10室
电话:(852)2249 2388
传真:(852)2850 8956

埃森哲（台北）
台北市敦化南路2段207号
远东大厦16层1601-1603单元
电话:(8862)2192 6030
传真:(8862)7711 1299